"移动互联网+电商营销"
实战宝典系列

一本书读懂 WiFi营销

海天电商金融研究中心 编著

清华大学出版社
北京

内 容 简 介

本书是一本全面揭秘WiFi营销的专著,从两条线帮助读者从入门到精通WiFi营销。

一条是横向案例线,通过家居行业、餐饮行业、旅游行业和交通行业等,深入透析每个行业的WiFi营销模式、营销特色、优势与卖点。

另一条是纵向技能线,通过全面分析企业的WiFi营销渠道、营销方式,比如WiFi+二维码营销、WiFi+APP营销、WiFi+LBS营销、WiFi+大数据营销以及WiFi+O2O营销等,帮助企业全方位掌握WiFi营销策略。

全书分为四大篇幅:基础篇+模式篇+落地篇+案例篇。所有内容零基础、全图解,通过5个WiFi联合精准营销方案详解+15章专题内容详解+40多个专家提醒+500多张图片,深度剖析企业WiFi营销精华之处,让您一书在手,即可彻底读懂WiFi营销商业模式、玩转移动电商平台,从菜鸟成为达人,从新手成为WiFi营销领域内的高手!

本书结构清晰、语言简洁、图解丰富,尤其是对于诸多成功的WiFi移动电商平台做了深入剖析,内容十分全面,适合移动电商平台的管理者、移动电商行业的从业者、有意从事WiFi产业相关业务的专业人士、传统企业营销向移动电商营销模式转型的企业以及企业营销的人才培训中心使用。

图书在版编目(CIP)数据

一本书读懂WiFi营销/海天电商金融研究中心编著. —北京:清华大学出版社,2016
　　("移动互联网+电商营销"实战宝典系列)
　　ISBN 978-7-302-44425-1

Ⅰ. ①一… Ⅱ. ①海… Ⅲ. ①网络营销Ⅳ. ①F713. 36

中国版本图书馆CIP数据核字(2016)第168670号

责任编辑:杨作梅
装帧设计:杨玉兰
责任校对:张彦彬
责任印制:何　芊

出版发行:清华大学出版社
　　　　网　　　址:http://www.tup.com.cn, http://www.wqbook.com
　　　　地　　　址:北京清华大学学研大厦A座　　　　　邮　　　编:100084
　　　　社 总 机:010-62770175　　　　　　　　　　邮　　　购:010-62786544
　　　　投稿与读者服务:010-62776969, c-service@tup.tsinghua.edu.cn
　　　　质量反馈:010-62772015, zhiliang@tup.tsinghua.edu.cn
印 装 者:北京亿浓世纪彩色印刷有限公司
经　　销:全国新华书店
开　　本:170mm×240mm　　　**印　张**:18.25　　　**字　数**:348千字
版　　次:2016年8月第1版　　　　　　　　　　　**印　次**:2016年8月第1次印刷
印　　数:1～3000
定　　价:59.80元

产品编号:066716-01

前言

■ 写作驱动

　　说到移动互联网时代的企业营销，首先想到的一定是移动电商、智能手机、WiFi 等高端新兴技术。企业营销的最终目的无非就是通过用户引流，实现精准营销。

　　WiFi 营销是当前帮助企业抢占移动互联网入口的重要渠道和手段，对于仍处于创业初期或使用传统营销模式的企业而言，WiFi 营销正是实现企业转型和升级的制胜法宝。

　　本书是一本全面揭秘移动互联网时代 WiFi 营销现状、营销模式、盈利手段、盈利产品、行业分析、未来展望的专著，特别详细地分析了如何与二维码、APP、LBS、大数据、O2O 等应用十分广泛的移动营销手段实现联合营销，满足企业用户引流和精准营销的需求。

　　本书理论与实际相结合，通过基础篇、模式篇、落地篇和案例篇全面解析 WiFi 营销，让您轻松读懂 WiFi 营销！

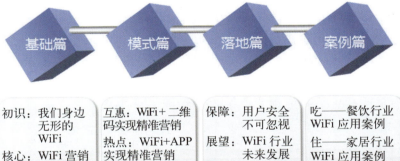

基础篇	模式篇	落地篇	案例篇
初识：我们身边无形的 WiFi 核心：WiFi 营销商业模式 共享：WiFi 软硬件分享 关键：WiFi 营销不可不知的策略	互惠：WiFi+二维码实现精准营销 热点：WiFi+APP 实现精准营销 定位：WiFi+LBS 实现精准营销 连接：WiFi+大数据实现精准营销 机遇：WiFi+O2O 实现精准营销	保障：用户安全不可忽视 展望：WiFi 行业未来发展	吃——餐饮行业 WiFi 应用案例 住——家居行业 WiFi 应用案例 行——交通行业 WiFi 应用案例 玩——旅游行业 WiFi 应用案例

■ 本书特色

本书主要特色：实用为主 + 内容为王。

1. 接地气，实用为主，应用性强。本书将抽象的 WiFi 营销与移动电商平台结合，真正落实到具体的行业应用上。本书在案例分析中，深度解密餐饮行业、家居行业、交通行业、旅游行业等诸多影响力广泛的互联网巨头的 WiFi 营销案例，极具实战指导意义。本书同时着眼于 WiFi 营销的概念，对移动电商的现状以及各领域企业营销现状进行深入解剖。

2. 容易懂，内容为王，涵盖众多。本书通过实战案例分析，详细讲解了企业 WiFi 营销现状，包括营销方式、营销特色、后台管理、数据收集与分析等。本书完整地介绍了包括随身 WiFi、商业 WiFi、境外 WiFi、众筹 WiFi、公共 WiFi 等多类型的企业 WiFi 营销形式，以实战 + 理论的方式，进行全面的讲解。

与此同时，书中还特别从二维码、APP、LBS、大数据以及 O2O 方面着手，致力于为企业 WiFi 营销提供更多的战略支持，含金量极高。

■ 适合人群

本书结构清晰、语言简洁、图表丰富，适合以下读者学习使用。

(1) 移动电商平台的管理者：本书提供关于移动应用程序开发、O2O 线上线下布局、大数据分析、LBS 精准定位等方面的分析内容，引导移动电商平台建设。

(2) 移动电商行业的从业者：本书提供关于移动电商的现状与未来展望以及行业内的相关平台与盈利模式的分析，能够更好地挖掘移动电商的商业价值。

(3) 有意从事 WiFi 产业相关业务的专业人士：本书提供当前 WiFi 产业发展现状以及对未来发展的分析，使其能够充分了解什么是 WiFi 营销。

(4) 传统企业营销向移动电商营销模式转型的企业：本书提供关于移动电商 WiFi 营销多种模式的分析，尤其是对转型成功的企业营销优势的分析，能够更好地帮助传统企业成功转型，建立完善的移动电商营销模式。

(5) 企业营销培训部门：本书提供 WiFi 营销的理论知识、移动电商平台的发展状况以及对目前市场的分析，详解构建电商平台的可能性与盈利点，切入 WiFi 电商领域的角度，为培养出时代所需的移动电商人才提供参考。

■ 作者信息

　　本书由海天电商金融研究中心编著，同时参加编写的人员还有吴巧、李四华、王力建、谭贤、谭俊杰、徐茜、刘嫔、苏高、柏慧、周旭阳、袁淑敏、谭中阳、杨端阳、刘伟、卢博、柏承能、刘桂花、刘胜璋、刘向东、刘松异等人，在此表示感谢。由于作者水平有限，书中难免有错误和疏漏之处，恳请广大读者批评指正，邮箱：baisong60@vip.qq.com。

编　者

目录

基 础 篇

模　式　篇

落 地 篇

案　例　篇

基础篇

初识：
我们身边无形的 WiFi

第 1 章

目前 WiFi 已实现了大范围应用，但对于大部分人而言，他们只关注怎么使用，却从来不知道 WiFi 的定义及其由来。

本章主要针对 WiFi 的基本概念进行简要分析，帮助读者在享受乐趣的同时，也能够清楚地知道 WiFi 及其相关领域动态。

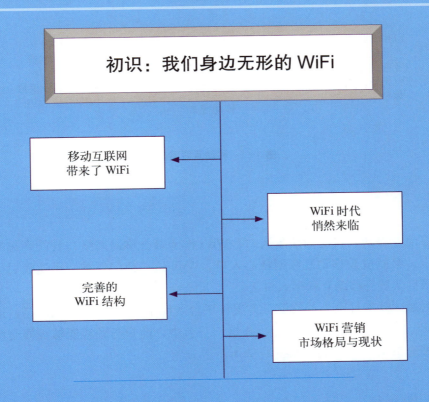

1.1 移动互联网带来了 WiFi

移动互联网时代，智能手机的普及，为 WiFi 的广泛传播与应用奠定了基础。随着智能设备用户量的暴增，企业逐渐意识到 WiFi 的重要性，WiFi 营销时代来临。

1.1.1 移动互联网助力时代发展

移动互联网，是移动通信与互联网两者高度融合的产物，加速了 WiFi 产业的发展，最终成为移动互联网新入口。在这一时代背景下，企业抓住机遇，实现内部转型升级。移动互联网概述如图 1-1 所示。

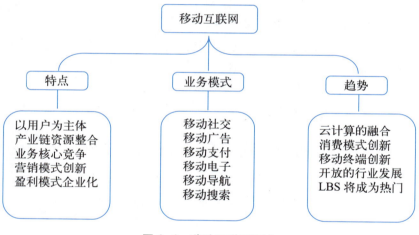

图 1-1 移动互联网概述

1.1.2 WiFi 打造移动互联网新入口

移动互联网入口泛指流量入口，WiFi 作为融合移动网络与智能终端的重要连接点，必然成为移动互联网核心入口。WiFi 这一热门领域，迅速吸引了各大互联网巨头展开移动互联网入口之争。

例如，以支付宝为首的第三方支付平台展现了新的 WiFi 营销思路，通过免费 WiFi，为用户提供线下服务。在这一平台中，商户与顾客能够直接交流，是 O2O 概念的另一种表现，如图 1-2 所示。

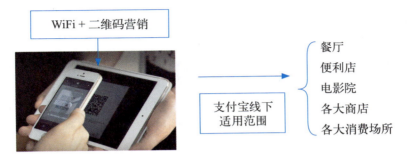

图 1-2 支付宝线下 WiFi 营销

专家提醒

近期，支付宝还在筹划免费 WiFi 项目，致力于为用户提供随时随地的免费网络，不仅能够增加支付宝用户量，同时也是实现 O2O 营销的方式之一。只要用户安装了"支付宝钱包"，进入免费 WiFi 覆盖区域后，便可通过验证码等形式自动连接 WiFi，十分方便，如图 1-3 所示。

图 1-3 支付宝免费 WiFi

支付宝免费 WiFi 方案，就是抓住了社会大众对 WiFi 的需求，从而实现用户引流，增加用户量，形成一套完整的产品推广方案，如图 1-4 所示。

图 1-4 支付宝产品推广

1.1.3 移动互联网中谋求 WiFi 新商机

图 1-5 小九 WiFi 营销

在移动互联网营销模式中，除了传统的 APP 推广营销外，就属 WiFi 营销最活跃。WiFi 已经成为人类生活的必需品，商户利用顾客对 WiFi 的迫切需求，在移动互联网时代寻求新商机。

例如，小九 WiFi 构建了基于 APP 的 WiFi 营销，将 WiFi 这一基础服务看作载体，实现 WiFi 路由器 + 移动 APP 相融合的软硬件搭配营销，在很大程度推进了 WiFi 与 APP 两大产业的发展，如图 1-5 所示。

1.1.4 WiFi 营销寻求移动互联网时代发展机遇

智能终端与 WiFi 是移动互联网的首要因素，两者的大范围普及得益于大量互联网企业的积极参与，为 WiFi 营销与推广提供了更具开放性和包容性的发展空间。

例如，北京一家拉面馆，通过免费 WiFi 营销策略，帮助店铺生意在短时间内月盈利额超过 2 万元，如图 1-6 所示。

用户可对连接的 WiFi 进行实时监测，避开"钓鱼 WiFi"等不安全因素

顾客可以通过扫描店内二维码连接免费 WiFi，享受随时随地的无线网络

图 1-6　360 免费 WiFi

1.2 WiFi 时代悄然来临

WiFi 又可称为"无线保真"，最早出现于 1999 年。当时，IEEE 官方定义 802.11 标准，并于 2010 年将其作为 WiFi 核心技术标准，如图 1-7 所示。

图 1-7 无线保真及 802.11 标准

1.2.1 WiFi 的基本定义

WiFi 是在移动互联网时代背景下，由智能设备与互联网共同催生出的一种互联技术，可以实现 PC 端、智能手机等终端的无线连接，如图 1-8 所示。

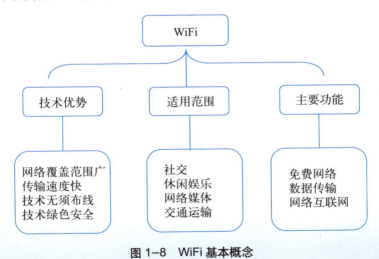

图 1-8 WiFi 基本概念

1.2.2 标准化的 WiFi

1996 年，以悉尼大学学生 Dr. John O'Sullivan 为首组成的研究小组在美国成功申请无线网技术专利，随后无线网技术及其标准得到广泛应用，如图 1-9 所示。

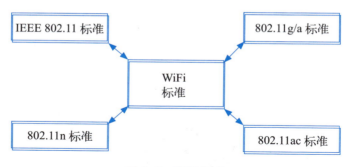

图 1-9　WiFi 标准

1.2.3　用户决定 WiFi 分类

随着 WiFi 产业不断发展，市场对其定义和分类也愈发清晰，根据用户的不同需求可将 WiFi 分为四大类，个人 WiFi、家庭 WiFi、公用 WiFi 以及商用 WiFi。

1．个人 WiFi

个人 WiFi 一般是为个体用户提供服务，并以移动终端为载体，实现无线网络连接，构建小范围的 WiFi 热点。现阶段，投入应用的个人 WiFi 分为硬件与软件两部分。

2．家庭 WiFi

家庭 WiFi 是以家庭为单位构建的 WiFi 热点，家庭 WiFi 应用为全球移动互联网发展做出了巨大贡献。

家庭 WiFi 安装是将无线路由器设备与运营商网络连接，实现有线网络向无线网络的转换，分为传统路由器与智能路由器两种。

3．公用 WiFi

顾名思义，公用 WiFi 主要适用于公共场所，特别是在一些智慧城市中应用十分广泛。公用 WiFi 是由政府出资进行统一规划，运营商根据实际需求统一部署，为广大群众提供免费的公共 WiFi 服务。

4．商用 WiFi

商用 WiFi 是指 WiFi 运营商或设备供应商为线下商户提供的一种无线网络解决方案。一般用户只需输入手机号，获取验证码，便可享受商用 WiFi 服务。归根结底，商用 WiFi 的普及，来源于移动互联网的兴起。

通常，个人 WiFi 中的硬件主要是指可供人们随身携带的硬件 WiFi 设备，比如随身 WiFi，是一种便携式的 WiFi 硬件设备。

常见的随身 WiFi 有 360 随身 WiFi、小米随身 WiFi、WiFi 随身宝等，如图 1-10 所示。

便携式 WiFi 设备，可供用户查询流量

图 1-10　随身 WiFi

家庭 WiFi 的应用，使家庭成员能够享受无拘无束的家庭 WiFi 服务，任何一个角落都可以刷微博、发微信红包、淘宝购物等。如图 1-11 所示为家庭 WiFi 布局。

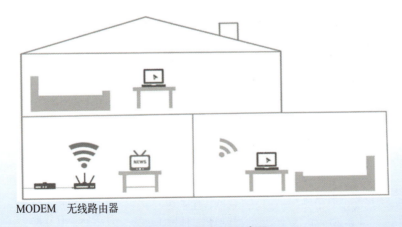

MODEM　无线路由器

图 1-11　家庭 WiFi 布局

专家提醒

　　说到家庭 WiFi，特别值得一提的是智能家居产品，WiFi 智能插座，采用的是 WiFi+APP 相结合的营销模式，如图 1–12 所示。

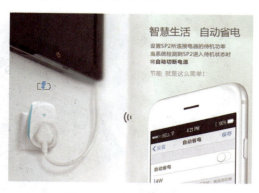

图 1–12　WiFi 智能插座

　　WiFi 智能插座十分便捷，出门在外，忘记关闭电器，只需通过 APP 设置就可随手断电，既安全又环保。

1.2.4　三大特点决定 WiFi 独特性

　　WiFi 无线网络与传统有线网络相比，产品特点更加显著，如图 1–13 所示。

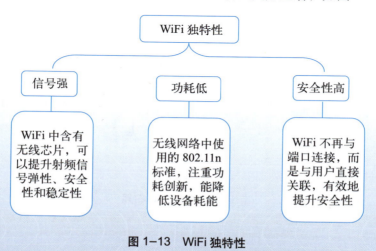

图 1–13　WiFi 独特性

1.3　完善的 WiFi 结构

完善的 WiFi 结构，既是促成无线网络运行的前提和基础，也是保障系统安全运行的关键。下面主要从三个方面详细分析 WiFi 的组成结构，如图 1-14 所示。

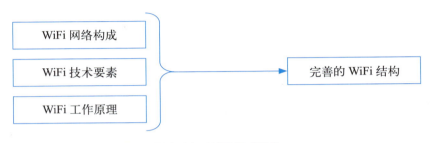

图 1-14　WiFi 组成结构

1.3.1　WiFi 网络构成

WiFi 网络构成，可分为以下六个部分。

1．基础站点

WiFi 站点，是无线网络系统中最为基础的组成部分，为整体系统提供基础性服务。

2．网络接入点

无线网络接入点，是指具备基础站点身份，同时又具备接入到分配系统功能的某一部分组织。

3．服务单元

服务单元是网络结构中最基础的服务组织，主要由两个站点构成，同时这些构成基础服务单元的站点具备动态连接功能。

4．分配系统

无线网络中的分配系统主要用于服务单元连接。值得注意的是，尽管分配系统与服务单元使用的媒介相同，但在逻辑关系上两者又是相互分离、截然不同的。

5．扩展服务单元

扩展服务单元实际上就是分配系统与基础服务单元两者的结合，它们的组成具备逻辑关联，但在物理上是相互分离的。

6．关口

在无线网络中，关口实际上也是逻辑关系的体现，其主要作用是实现无线与有限局域网的连接。

此外，基础站点与分配系统还将为整体系统提供多种服务，如图 1-15 所示。

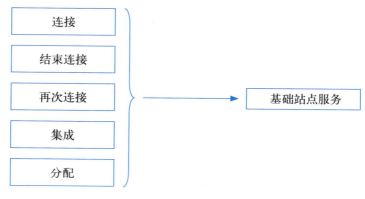

图 1-15　基础站点服务

分配系统注重于权限的管理与数据信息的维护，在很大程度上保障了系统安全。在企业实行 WiFi 营销模式过程中，分配系统发挥最大潜能，为企业安全营销提供重要保障，如图 1-16 所示。

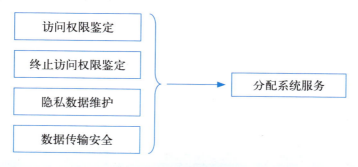

图 1-16　分配系统服务

1.3.2　WiFi 技术要素

WiFi 营销始终坚持用户体验至上的原则，只有这样才能设计出用户满意的产品，从而提升经济效益。技术是支撑系统与产品的核心，正是由于技术的不断创新，才使得无线网络大范围应用。

结合 WiFi 的发展进程，支撑产品运行的技术主要包括三部分，如图 1-17 所示。

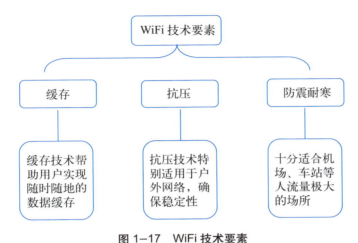

图 1-17　WiFi 技术要素

1.3.3　WiFi 工作原理

实际上，WiFi 是一种经过商业认证的无线网技术。传统有线网技术需要通过电脑连接，WiFi 则是直接通过无线电波实现网络连接。其中，路由器是最基本也是最关键的 WiFi 设备，只要是路由器电波能够覆盖的有效范围都能够接收无线网络信号，享受无线热点服务，如图 1-18 所示。

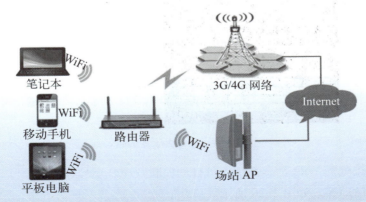

图 1-18　WiFi 工作原理图

13

1.4　WiFi 营销市场格局与现状

WiFi 营销隶属于网络营销范畴，是当前网络营销潮流趋势。WiFi 营销群体是指，想要利用 WiFi 获取经济效益的移动网络营运商以及各行业的营销商。

1.4.1　WiFi 营销目的

企业可通过设置免费 WiFi，向接收该无线信号的移动设备推送与自家产品相关联的广告信息，也就是 WiFi 广告营销，或者在用户使用免费 WiFi 过程中，达到用户信息收集的目的，有利于进行二次营销推广。

例如，麦当劳与天津赞普飕飕 WiFi 营销商的合作营销战略，不仅具备单纯的免费 WiFi 功能，当用户连接热点时，系统会自动弹出麦当劳产品信息，还有商家提供的优惠券，如图 1-19 所示。

用户只需输入手机号获取验证码便可连接 WiFi，享受免费 WiFi 服务

图 1-19　麦当劳免费 WiFi

顾客连接免费 WiFi 后，系统还可自动关联餐厅公众号等信息，可享受微信支付以及优惠活动等，如图 1-20 所示。

图 1-20　麦当劳公众号营销

1.4.2　WiFi 营销价值

随着 WiFi 产业的迅速崛起，一大批产业巨头纷纷搭上 WiFi 营销这艘大船。WiFi 营销为什么如此热门，又到底具备哪些商业价值呢？下面主要从三方面分析 WiFi 营销价值，如图 1-21 所示。

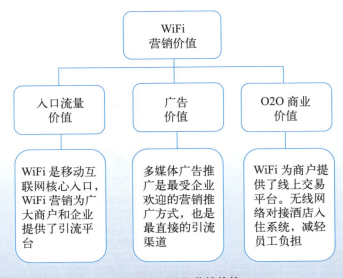

图 1-21　WiFi 营销价值

1.4.3　搭建商用 WiFi 热点，助力企业运营

商用 WiFi 的出现，让多数企业蠢蠢欲动。除了支付宝正在筹备的免费 WiFi 外，其他互联网巨头也在进行商用 WiFi 布局，欲抢占 O2O 入口。商用 WiFi 营销主要分为三种，分别是手机号营销、广告推广营销以及流量引导营销。

1．手机号营销

所谓手机号营销，就是像麦当劳一样，用户输入手机号获取验证码，享受商家提供的免费 WiFi。商家则通过手机用户数据，进行二次推广或针对性营销。

2．广告推广营销

部分商家设置的免费 WiFi，在用户连接前，需要观看 15 ～ 30 秒的商家广告，广告恰好又是 APP 唯一的商业模式，因此商家也会借机宣传自家的 APP，达到连接营销的目的。

3．流量引导营销

商用 WiFi 流量引导主要是指通过 WiFi 将用户引流到企业官方微信或微博中，成为企业粉丝，企业将不定期向粉丝进行产品与活动推广，以此来增加经济效益，提升品牌形象。

 专家提醒

商用 WiFi 营销中，为了提高用户流量，还推出了 WiFi + 二维码营销模式。例如，在韩舍名家餐厅，顾客在结账时，只需连接 WiFi 关注其商户微信公众号便可享受折扣与优惠，商家也将从中获得很多客户流量，如图 1-22 所示。

图 1-22　商用 WiFi + 二维码营销

1.4.4 多行业的 WiFi 营销并驾齐驱

　　随着 WiFi 营销优势的不断显现，WiFi 营销受到了不同领域不同产业的青睐，呈现多行业并驾齐驱的 WiFi 营销趋势。交通运输中，少数城市已经实现了公交免费 WiFi 覆盖，如图 1-23 所示。

连接公交车 WiFi，消磨乘车时间

图 1-23 公交免费 WiFi

　　使用移动设备进行移动支付时，连接商家 WiFi 可进行二维码扫描支付、微信支付、支付宝支付，如图 1-24 所示。

图 1-24 WiFi 移动支付

17

 专家提醒

消费者连接 WiFi 进行手机淘宝购物时，不难发现线上许多产品可享受独有的"手机专享价"优惠，这也是商家引流的一种营销模式，如图 1-25 所示。

手机连接 WiFi 购物，享受 PC 端没有的优惠价格

图 1-25　连接 WiFi 享受"手机专享价"优惠

核心：
WiFi 营销商业模式

第 2 章

商业营销模式，是一种既能最大限度地满足消费者需求，同时也能为企业带来盈利的经营方式。就 WiFi 产业现状而言，主要以硬件营销或免费 WiFi、付费 WiFi 营销为主。

同时，智能化、数字化与信息化相结合推出的 WiFi 软硬件设施，将成为未来的发展趋势。

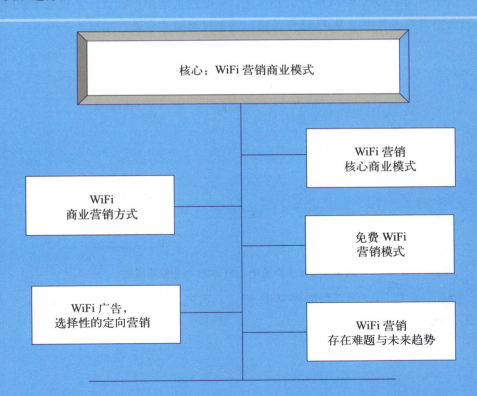

2.1 WiFi 营销核心商业模式

结合当前 WiFi 市场营销现状，大致可将该产业核心商业模式分为三个方面，如图 2-1 所示。

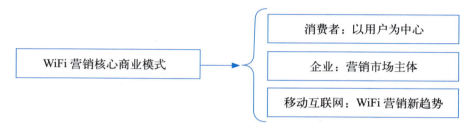

图 2-1 WiFi 营销核心商业模式

2.1.1 消费者：以用户为中心

以用户为中心的 WiFi 商业营销模式，就是指面向用户收费，企业从中获取利益的营销方式，其中以 WiFi 硬件营销和线上付费最为常见，如图 2-2 所示。

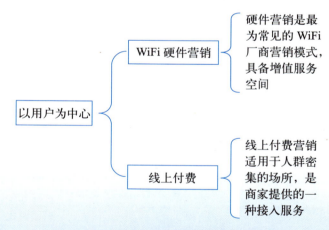

图 2-2 以用户为中心的 WiFi 商业营销模式

例如，在机场经常看到境外 WiFi 租赁，这就是一种 WiFi 硬件营销模式，如图 2-3 所示。

图 2-3　境外 WiFi 租赁

例如，去日本就可以直接在公众号上通过移动支付购买商家提供的专门适用于日本的 WiFi 设备，付款后商家将会告知用户一系列注意事项，比如设备领取与归还地点，如图 2-4 所示。

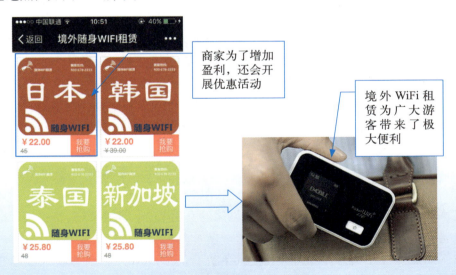

图 2-4　境外随身 WiFi 租赁

2.1.2　企业：营销市场主体

　　企业是营销市场主体，面向企业收费的 WiFi 营销模式，其实就是指 WiFi 运营商通过为各大企业、公共场所等提供 WiFi 设备，获取企业资金，形成面向企业收费的 WiFi 商业营销模式。面向企业收费的 WiFi 商业营销具备以下几种优势。

1．精准营销
WiFi 三大特定，帮助企业及时进行用户定位，达到精准营销的最终目的。

2．转化率
在精准营销的基础上，能够最大限度地提升企业转化率。

3．品牌推广
企业通过 WiFi 广告营销，增加品牌曝光率，是实现用户引流的直接通道。

　　商用 WiFi 是最能体现企业主体地位的 WiFi 营销模式，特别是随着大量 WiFi 设备提供商与运营商的迅速崛起，今后的很长一段时间无疑成为"WiFi 元年"，其中商用 WiFi 也将发挥关键作用，主要表现在以下几方面。

　　(1) 硬件设备营销。硬件设备营销是从商用 WiFi 发展初期就出现的最为基本的盈利模式，尽管许多企业一直在沿用，但这种单一的营销模式似乎已无法跟上时代发展潮流。

　　(2) 广告推广营销。广告营销模式最早出现于 WiFi 产业发展初期，企业主要依靠对用户属性的统计与分类，从而实现精准营销，达到盈利目的。

　　(3) 大数据营销。大数据营销，是移动互联网时代最为常见的 WiFi 营销模式。例如，WiFi+LBS 定位营销，企业可以对手机用户进行网络监测，总结用户上网习惯与需求，并根据用户需求为其量身定制更为合适的推广内容，增加企业用户流量。

2.1.3　移动互联网：WiFi 营销新趋势

　　移动互联网时代，智能手机与移动网络的全面融合，为 WiFi 营销提供了很大的机遇和巨大的发展空间。

　　例如，2013 年 9 月，我国首列提供免费 WiFi 的 K9092 次列车投入试运行。在这趟由湖南长沙开往常德的列车上，乘客可尽情享受 WiFi 带来的无限乐趣，如图 2-5 所示。

用户不仅可以查看列车的相关信息，还能享受多种娱乐服务

图 2-5　国内首列提供免费 WiFi 的列车

　　WiFi 运营商与国家高铁部门合作，面向广大消费者推广自家产品，积极拓展交通运输产业相关联的智能业务，是提高企业收益的全新渠道和方式。

2.2　WiFi 商业营销方式

　　现阶段，我国 WiFi 商业营销方式主要分为五类，如图 2-6 所示。

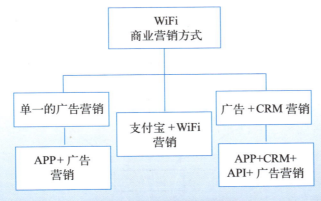

图 2-6　WiFi 商业营销方式

2.2.1 单一的广告营销

单一的广告营销模式，是指企业只通过广告来推广产品，以广告的方式来提高品牌知名度，提升其品牌在市场上的影响力，如图 2-7 所示。

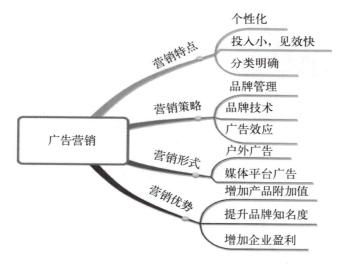

图 2-7　广告营销模式

单一的广告营销模式，是最简单、直观的 WiFi 营销方式。在国内，许多商户都选择通过这种营销方式获取经济收益。如图 2-8 所示为广告营销组织结构。

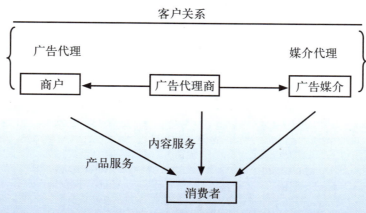

图 2-8　广告营销组织结构

例如，用户在使用移动手机连接 WiFi 登录某些门户网站时，就经常看到许多品牌的广告，如图 2-9 所示。

企业通过与门户网站的合作，实现广告推广

门户网站上植入的品牌汽车广告

图 2-9　网页上的广告营销

2.2.2　广告 +CRM 营销

相比单一的广告营销，广告 +CRM 营销是基于广告营销上的延伸。这种合作的营销模式，为商户提供了获取用户需求、实现精准营销的机会与平台。如图 2-10 所示为广告 +CRM 营销模式。

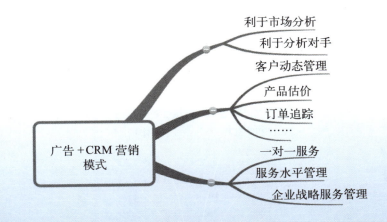

利于市场分析
利于分析对手
客户动态管理
产品估价
订单追踪
……
一对一服务
服务水平管理
企业战略服务管理

广告 +CRM 营销模式

图 2-10　广告 +CRM 营销

2.2.3　APP + 广告营销

以搜狐 APP 为例，随着智能手机市场的蓬勃发展，越来越多的企业通过品牌 APP 开发实现更多盈利，如图 2-11 所示。

万家乐电器抢占搜狐入口页面，使用该 APP 的用户，都能直观地看到该广告

APP 为用户提供了直接跳过广告的选项，在一定程度，阻碍了企业营销推广，成为今后一段时间内 APP 推广需要解决的难题

图 2-11　APP + 广告营销

2.2.4　APP+CRM+API + 广告营销

API 的开放，是企业实行 WiFi 营销的全新体验，例如，无线定位就是一种全新尝试。API 系统主要功能是为软件开发人员提供某一硬件设备的访问权限，可详细了解内部工作，如图 2-12 所示。

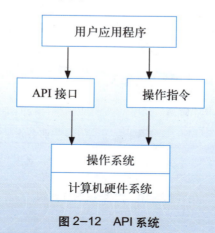

图 2-12　API 系统

实际上，"APP+CRM+API+广告营销"的策略与单一的广告营销模式区别不大，只是在此基础上进行了一定程度的延伸，通过 APP 和 API 系统与 CRM 系统的对接，企业可实现对老客户的再次营销推广，从而进一步获取增值空间。

2.2.5　支付宝 +WiFi 营销

支付宝 +WiFi 营销，类似于微信公众号 +WiFi 营销，从某些角度分析，与其说支付宝给商户带来了盈利，不如说是企业给支付宝线下活动创造了机会与平台。

支付宝 +WiFi 营销的流程如下。

1．支付宝推广商户 WiFi

当消费者进入免费 WiFi 覆盖商圈时，支付宝客户端会自动提醒用户连接 WiFi。

2．支付宝连接商户 WiFi

消费者直接在 WiFi 推送列表中，选择无须密码就能够连接的免费 WiFi 进行连接。

3．商户广告营销推广

消费者选择了哪家商户的 WiFi，这家商户便可以选择性地向消费者展示自家产品、公众号信息及一系列优惠活动。

"双十二"来袭，商家活动逐渐从线上扩展至线下，包括家乐福、麦德龙、平和堂在内的许多大型超市都开启了移动支付通道，这不仅给用户带来了方便，也大大提高了工作人员的效率。消费者只需在付款时拿出手机连接商场免费 WiFi，便可以使用支付宝付款，如图 2-13 所示。

图 2-13　支付宝 +WiFi 线下营销

2.3　免费 WiFi 营销模式

信息化时代的今天，免费 WiFi 随处可见。那么，这些商家是如何实现免费 WiFi 营销的呢？免费 WiFi 营销模式分为三种，如图 2-14 所示。

图 2-14　免费 WiFi 营销模式

2.3.1　手机认证营销

目前，星巴克、麦当劳、必胜客等餐厅都是通过手机认证进行 WiFi 营销，这是怎么实现的呢？如图 2-15 所示。

图 2-15　免费 WiFi 手机认证营销

2.3.2　广告推广营销

免费 WiFi 广告推广营销，可以在 WiFi 登录页面为商家提供广告植入的空间，也就是出售广告位，如图 2–16 所示。

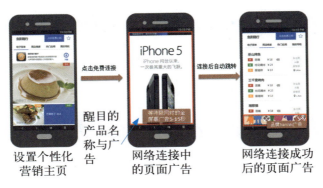

点击免费连接
iPhone 5
连接后自动跳转
醒目的产品名称与广告
设置个性化营销主页
网络连接中的页面广告
网络连接成功后的页面广告

图 2–16　免费 WiFi 广告推广营销

专家提醒

个别商家除了在免费 WiFi 登录页面抢占广告位之外，还会强制要求用户必须输入其广告语或品牌名称才能使用免费 WiFi，这一过程有利于商家二次宣传其品牌及产品，强化广告推广的最终效果。

2.3.3　微信推广营销

微信是当前最为热门的社交软件，引领着移动互联网时代社交媒体领域的发展。据统计，截至 2015 年 6 月，微信用户量已突破 6 亿，同比增长 30%。在免费 WiFi 营销中，商家可以通过推广其微信“公众服务号”进行会员引流，增加企业盈利。

以温鼎精致火锅为例，消费者在进行消费时，只需要用手机扫描店铺内的二维码，添加商家微信为好友，商户公众号就会自动向消费者推送店铺免费 WiFi 密码以及店铺优惠活动等其他服务，如图 2–17 所示。

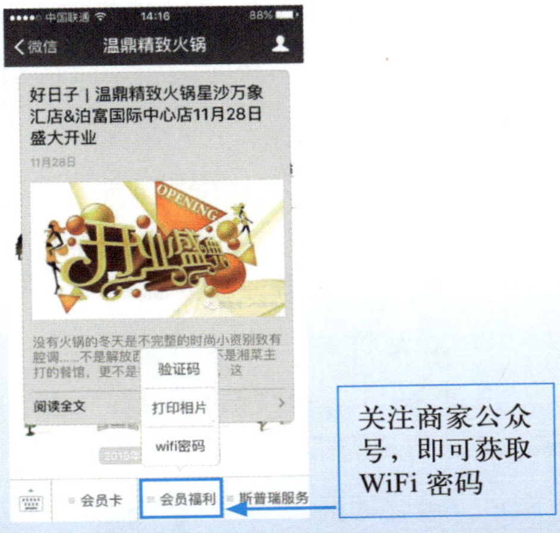

温鼎精致火锅
好日子 | 温鼎精致火锅星沙万象汇店&泊富国际中心店11月28日盛大开业
11月28日
验证码
打印相片
wifi密码
阅读全文
会员卡
会员福利
斯普瑞服务
关注商家公众号，即可获取 WiFi 密码

图 2–17　温鼎精致火锅免费 WiFi 微信公众号营销

免费 WiFi 中的手机认证营销与微信认证营销都能够实现对用户数据行为的分析，企业可以根据用户信息改善与优化自身营销策略，如图 2-18 所示。

企业后台操作系统可根据用户信息，调整营销策略，实现精准营销

图 2-18　企业微信公众号后台

2.4　WiFi 广告，选择性的定向营销

对于 WiFi 营销而言，WiFi 广告是一种全新的广告营销模式，在 WiFi 营销中前景无限。WiFi 广告优势表现在以下几方面。

1．广泛覆盖

随着移动互联网时代进程的不断深入，无线网络在城市中的覆盖率也随之提高，改变了人类社会传统的生活与消费习惯。

2．推广性强

越来越多地实现了由传统营销模式向 WiFi 营销模式的转变与升级，无线网络成为智能手机用户实现与互联网连接的最佳渠道。WiFi 广告推广有利于增强用户对品牌的记忆，提升品牌效益。

3．灵活性高

通过 WiFi 广告营销的投放，企业可以根据用户自身情况为其量身定制推广方案，满足用户需求。

4．转化率高

移动互联网时代将智能手机用户进行了细分，很大程度地提升了转化率，降低了企业成本。

2.4.1 地理定位推送

WiFi 广告地理定位推送，是指商户利用 WiFi 热点特征实现定向的 WiFi 广告推广，如图 2-19 所示。

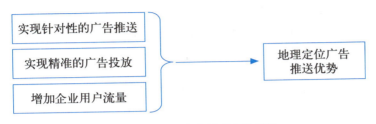

图 2-19 WiFi 广告地理定位推送

例如，旅游服务类企业可在机场、火车站等人流密集的区域进行定向性的产品推广，以此来征集和了解目标用户的消费需求和消费习惯，可针对机场、火车站等 WiFi 热点目标客户群体推送它们的广告。

2.4.2 电子地图推送

WiFi 电子地图广告实现了无线网络与广告推送技术的融合，帮助商户更近距离地贴近商圈附近的用户，为用户提供免费 WiFi，构建一种电子地图引流，引导连接 WiFi 热点的用户到商户实体店消费，如图 2-20 所示。

图 2-20 电子地图推送营销

2.4.3　个性化主页推送

　　个性化主页广告推送，一般是在供用户登录与连接 WiFi 的位置，放置醒目且富有个性化的商户广告，如图 2-21 所示。

　　个性化的主页广告推送模式，能够让用户第一时间接收到商户最新信息、优惠活动等，同时个性化的页面也更具冲击力，利于展现品牌特色。

图 2-21　个性化主页推送

2.5　WiFi 营销存在难题与未来趋势

　　WiFi 营销难题，是直接影响 WiFi 产业发展及其相关产业发展的最直接因素，无论是 WiFi 设备提供商、营销商还是企业，都务必引起重视。

2.5.1　WiFi 营销存在难题

　　WiFi 产业是移动互联网时代最新入口，企业通过 WiFi 营销争夺流量入口，但在提升品牌盈利的同时，也需要认清产业现状与趋势，如图 2-22 所示。

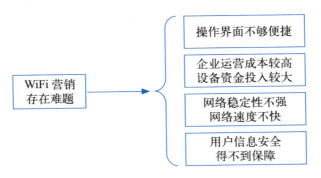

图 2-22 WiFi 营销存在难题

2.5.2 WiFi 营销未来趋势

未来，WiFi 营销涉及的产业还将不断扩张，越来越多的企业将加入到移动互联网入口争夺战中。WiFi 营销未来趋势主要表现在以下几方面。

1. 范围扩张

尽管与国外市场相比，我国 WiFi 市场仍处于发展初期，但随着移动互联网时代的来临、智能手机的普及以及人们生活水平的不断提高，未来 WiFi 覆盖率还将不断上升。

2. 精准运营

精准运营成为未来 WiFi 市场营销的口号与宗旨。企业将制定更加完善、更加准确且可行性更高的 WiFi 运营方案，增加自身盈利，提升品牌形象。

3. 大数据营销

大数据为企业营销创造了机遇，是实现精准营销的关键手段。未来，大数据在 WiFi 营销中的应用将得到进一步提升，并为市场挖掘更多的营销模式，最大限度地提升转化率。

专家提醒

与国内市场相同，海外市场 WiFi 营销竞争也十分激烈。特别是人们对免费 WiFi 的需求量巨大，例如在微软推出的 Windows 10 系统中就能看到 WiFi 共享这一全新功能。

共享：
WiFi 软硬件分享

第 3 章

WiFi 软硬件是企业实现 WiFi 营销的载体和工具，本章主要与大家分享多个 WiFi 软硬件基础设施。

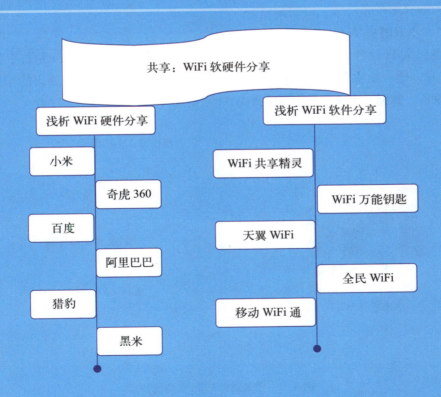

共享：WiFi 软硬件分享

浅析 WiFi 硬件分享

小米

奇虎 360

百度

阿里巴巴

猎豹

黑米

浅析 WiFi 软件分享

WiFi 共享精灵

WiFi 万能钥匙

天翼 WiFi

全民 WiFi

移动 WiFi 通

3.1　浅析 WiFi 硬件分享

或许，人们从来不敢想象只需拿出智能手机点击"扫一扫"功能，就可自动连接 WiFi，实现移动支付、网上购物等行为，但这一切在移动互联网时代背景下的今天全都成了现实。

移动互联网为人类社会带来了翻天覆地的变化。在 WiFi 营销中，硬件设施是支撑企业实施 WiFi 营销的基础和根本，可以说，无硬件谈何营销？

3.1.1　小米 WiFi，引领小米智能产业发展

自 2010 年小米正式成立以来，先后已发布多款与 WiFi 相关联的移动设备软件，并获得热烈反响。"为发烧而生"是小米的企业宗旨与产品概念，引导着几千"小米人"的企业灵魂。

1．小米随身 WiFi

提到 WiFi 硬件设备，小米随身 WiFi 首当其冲。小米随身 WiFi 发布于 2013 年 12 月，是一款除苹果 MacBook 与 Windows 8.1 系统外都能实现兼容的小型可移动设备。如图 3-1 所示为小米随身 WiFi 营销优势。

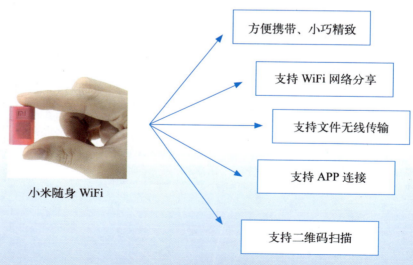

小米随身 WiFi

方便携带、小巧精致

支持 WiFi 网络分享

支持文件无线传输

支持 APP 连接

支持二维码扫描

图 3-1　小米随身 WiFi 营销优势

用户第一次使用小米随身 WiFi 时，首先需要将设备插入电脑，再进行 WiFi 设置，同时下载小米 APP 可以进行随身 WiFi 设置与管理，简单便捷，如图 3-2 所示。

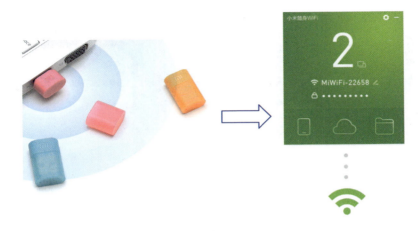

图 3-2　小米随身 WiFi 连接 APP

2. 小米 WiFi 放大器

家庭 WiFi 在使用过程中，常常会出现由于房屋面积过大或墙面过厚等问题导致的 WiFi 信号受限，给 WiFi 用户带来了极大的不便。小米 WiFi 放大器的出现，在很大程度上改善了这一问题，如图 3-3 所示。

充电方便，免安装，只需插入第三方路由器中，便可提升网速

图 3-3　小米 WiFi 放大器

此外，与小米随身 WiFi 相同，用户下载小米手机 APP 就可实现对 WiFi 信号的检测，对设备进行管理与设置，如图 3-4 所示。

图 3-4　小米 WiFi 放大器 APP 管理

3．小米 WiFi 路由器

小米 WiFi 路由器是小米集团继手机和电视之后，最热门的产品，是实现以移动互联网思维转变传统行业的一大力作和标志，如图 3-5 所示。

图 3-5　小米 WiFi 路由器优势

除此之外，小米 WiFi 路由器还实现了其他品牌路由设备没有的多种创新功能，主要有以下几方面。

1) 远程下载

小米 WiFi 配置就如同一台小型计算机，可连接手机 APP 和浏览器实现远程下载，与此同时，还与国内多家视频网站合作，使用户可以轻松获取海量高清影视资源。

2）照片备份

将手机、单反、数码相机等设备与小米 WiFi 路由器连接，可自动备份照片，不仅速度快，还很大程度地保障了用户隐私，是一种安全度极高的信息存储形式。

3）无线硬盘

从某种程度上来说，小米路由器实际上也是一个文件服务器，它具备数据存储的功能，可以利用无线网络在线读取与编辑数据信息，且数据传输速度达到 58MB/s，支持远程数据访问。

4）同步运行

用户只需下载小米官网上的路由器专用 APP，便可实现不同文件同步读取的功能。

4．小米智能 WiFi 灯泡

对于小米智能 WiFi 灯泡而言，用户只要下载小米官方 APP，连接 WiFi 就可完成对智能灯泡的掌控。

例如，下班路上拿出手机一键打开家里灯光，回家第一时间便可感受家里的温暖，瞬间帮你驱赶疲劳；冬天躺在暖和的被子里，拿出手机一键便可关闭床头灯；出门忘记关灯，打开小米智能 APP 便可全部搞定，十分便捷。

无论是使用还是安装都能一步到位的智能 WiFi，是移动互联网时代和移动物联网时代人类社会最大的需求，这样的智能设备才是最受市场和消费者欢迎的产品。如图 3-6 所示为小米智能 WiFi 灯泡优势。

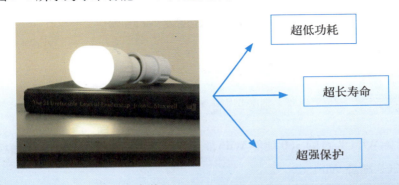

小米智能 WiFi 灯泡

图 3-6　小米智能 WiFi 灯泡优势

专家提醒

　　小米路由器微信好友 WiFi 全面上线，为用户提供了更快速、更便捷、更智能的 WiFi 连接，如图 3-7 所示。

智能连接，开启路由器 WiFi，选择微信好友认证，即可快速连接 WiFi，无须密码

图 3-7　小米路由器微信好友 WiFi 图解

3.1.2　奇虎 360WiFi 硬件，助力智能产业发展

　　以随身 WiFi 为首的 360 硬件 WiFi，一直深受消费者喜爱，位居销售榜前列。

1. 360 随身 WiFi

　　由北京奇虎推出的 360 随身 WiFi，实际上是一款外形超级 mini 且操作十分简单的移动无线路由器设备，可实现与其他智能终端的网络连接、传输与共享，如

图 3–8 所示。

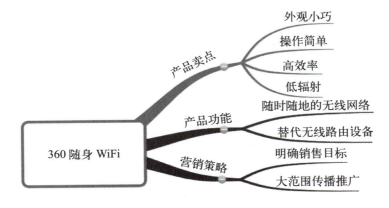

图 3–8　360 随身 WiFi

自 2013 年第一代 360 随身 WiFi 推出以来，受到市场、消费者以及社会各界的广泛关注，可以说一时间成为市面上随身 WiFi 的佼佼者，如图 3–9 所示。

图 3–9　畅销的 360 随身 WiFi

2．360 WiFi 安全路由设备

360 WiFi 安全路由设备是支撑 360 智慧互联协议的基础与核心，是实现智慧

互联系统数据传输、数据共享的主要通道。如图 3-10 所示为 360 智慧互联协议原理。

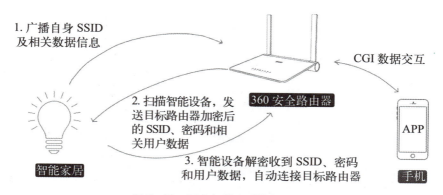

图 3-10　360 智慧互联协议原理

使用 360 官方 APP，可以直接管理 360 安全路由设备，乃至整个 360 智慧互联协议系统，如图 3-11 所示。

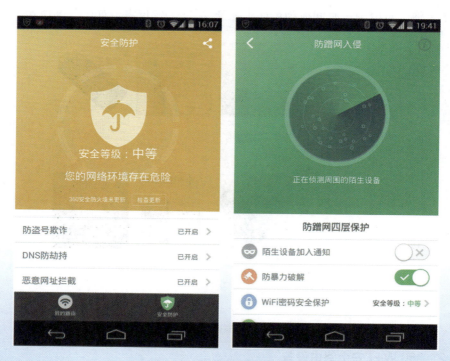

图 3-11　360 智能管理 APP

专家提醒

　　除了基本的设置与管理之外，用户在使用 360 APP 对安全路由进行设置与管理时，还可以根据实际情况选择均衡模式、穿墙模式以及孕妇模式三种个性化模式管理，最大限度地降低辐射危害，如图 3-12 所示。

图 3-12　个性化的 360 路由管理

　　那么，奇虎 360 是通过怎样的营销方式，实现随身 WiFi 的持续畅销呢？如图 3-13 所示。

图 3-13　奇虎 360 营销模式

1) 以消费者需求为核心

　　可以说，奇虎 360 旗下所有的产品都是以用户需求为研发核心，以致力于生产令消费者满意的产品为最终目的。无论是 360 安全卫士、360 浏览器还是 360 导航，我们都能看到这一点。

360 随身 WiFi 的推出，可以说结合了 360 已上市产品的精髓，同时最大限度地改善了其不足，如图 3-14 所示。

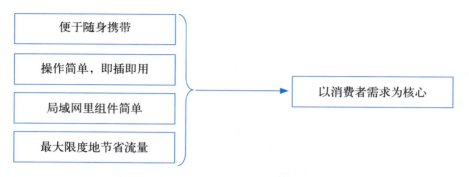

图 3-14　360 随身 WiFi 以消费者需求为核心

2) 大范围地宣传推广

360 营销的大范围宣传推广，主要体现在以下几方面，如图 3-15 所示。

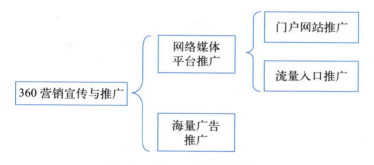

图 3-15　360 大范围地宣传推广

3.1.3　百度随身 WiFi 硬件"小度 WiFi"

2015 年 10 月 28 日，百度在京东上推出首款便携式 WiFi 设备，并取名"小度 WiFi"。"小度 WiFi"实现了设备用户跨终端联网与免费 WiFi 的大范围覆盖，如图 3-16 所示。

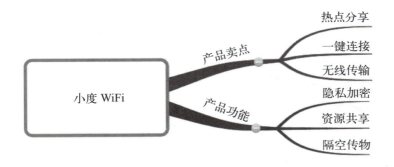

热点分享

一键连接

无线传输

产品卖点

小度 WiFi

产品功能

隐私加密

资源共享

隔空传物

图 3-16　"小度 WiFi"简介

与 360 随身 WiFi 相比，"小度 WiFi"在安装上得到了很大改善，无须安装安全卫士也能保障设备安全。"小度 WiFi"利用这一特征，实现精准营销。

3.1.4　阿里巴巴"天猫魔盒"智能硬件

"天猫魔盒"是一款由天猫与网络公司 D-Link 共同打造的随身 WiFi，如图 3-17 所示。

图 3-17　"天猫魔盒"产品简介

"天猫魔盒"不仅凭借 300M 网络速率、实惠的价格优势实现了精准营销，同时还因 D-Link 公司的良好口碑，取得了口碑营销优势。如图 3-18 所示为"天猫魔盒"口碑营销优势。

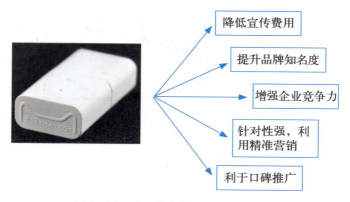

图 3-18　"天猫魔盒"口碑营销优势

3.1.5　猎豹极速 WiFi 硬件

使用猎豹极速 WiFi，只需将设备插入电脑，并将其作为接入点，实现与其他移动终端的网络传输与共享，如图 3-19 所示。

图 3-19　猎豹极速 WiFi 硬件

除了依靠"极速"优势营销外，猎豹 WiFi 更是推出 1 元包邮购机的活动来回馈广大消费者，引起了强烈反响，在很大程度上提高了企业收益，如图 3-20 所示。

引发消费者集体响应

图 3-20　猎豹 WiFi 营销策略

3.1.6　WiFi 随身宝"黑米盒子"

"黑米盒子"是一款由黑米公司推出的便捷式随身 WiFi 设备，突破了传统随身 WiFi 的局限，不插电源、不插电脑也可实现随时随地的网络连接，如图 3-21 所示。

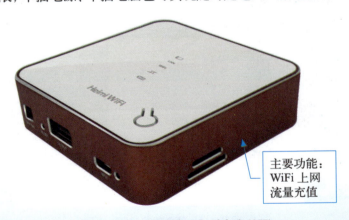

主要功能：
WiFi 上网
流量充值

图 3-21　"黑米盒子"随身宝 WiFi

传统意义上的随身 WiFi 只局限于在网络连接设备上应用，而"黑米盒子"针对这一限制，研发出一款可供户外，例如火车、地铁、公交等环境使用的随身 WiFi，将随身 WiFi 的核心"随身"体现得淋漓尽致。如图 3-22 所示为传统随身 WiFi 与"黑米盒子"的对比。

对比项目	传统随身 WiFi	WiFi 随身宝"黑米盒子"
有线网络	需要	不需要
电脑 / 笔记本	需要	不需要
微信充值 / 查流量	不支持	支持
外出上网	不支持	支持
充电宝	不支持	支持
无线路由器	不支持，需依靠电脑	支持

图 3-22　传统随身 WiFi 与"黑米盒子"对比

3.2　浅析 WiFi 软件分享

移动互联网时代，WiFi 软件多以 APP 形式呈现，例如 WiFi 硬件中提到的奇虎 360 企业除了随身 WiFi 之外，还为用户提供了 360 免费 WiFi，为用户随时随地享受免费 WiFi 创造了条件，如图 3-23 所示。

图 3-23　360 免费 WiFi

3.2.1　WiFi 共享精灵

WiFi 共享精灵是一款十分简单、小巧且不受服务器限制，支持局域网连接，同时无须数据线等设备就可实现客户端连接的 WiFi 共享设备，其最大优势就如同其名字所说的——网络共享。

用户在使用其软件时，只需要下载并打开 APP，系统即自动搜索 WiFi，连接WiFi 后，用户可以看到连接该网络的其他设备，选择某一设备便可实现网络传输与共享，如图 3-24 所示。

一键搜索热点，一键加入热点

一键分享热点给好友，一键邀请好友

图 3-24　WiFi 共享精灵

3.2.2　WiFi 万能钥匙

WiFi 万能钥匙 APP 的功能，主要是自动为用户搜索周边可供其免费连接的无线网络。

所有能够被 WiFi 万能钥匙软件搜索到的 WiFi 热点，都是存在于万能钥匙数据库中的网络，其内部系统涵盖上万种无线热点数据信息，帮助用户轻松连接免费 WiFi，同时通过多项移动业务，最大限度地扫除了网络隐患、断网、蹭网等不安全的网络行为，维护消费者利益。

由于 WiFi 万能钥匙的安全性特征，深受商务人士的喜爱，可供 Android 与iOS 用户下载使用，如图 3-25 所示。

时刻维护用户安全

图 3-25　WiFi 万能钥匙

3.2.3　天翼 WiFi

天翼 WiFi 是中国电信针对旗下用户特别开发的可供移动用户和联通用户使用的 WiFi 热点平台，如图 3-26 所示。

实时流量查询功能

为用户提供多项娱乐活动

图 3-26　天翼 WiFi

天翼 WiFi 软件除了热点搜索外，还为用户提供了多项特色服务，主要有以下两个方面。

1．自动搜索

用户下载客户端后打开，系统将自动为其搜索中国电信 WiFi 热点，并发出提示，邀请用户迅速连接。这种自动搜索、快速连接服务，操作简单，是增加用户体验的有效手段，利于中国电信 WiFi 开展营销项目。

2．业务扩展

除了电信用户外，包括中国移动和中国联通在内的多家运营商用户都可以在天翼 WiFi 客户端上任意购买 WiFi 账号，还为电信用户提供了免费体验服务。

3.2.4　全民 WiFi

顾名思义，全民 WiFi 是一款免费面向广大用户推出的 WiFi 热点工具，致力于将 WiFi 普及到城市的每个角落，使每一位居民都能够享受到免费 WiFi 的福利，用户在 WiFi 热点覆盖范围内，只需拿出手机打开 WiFi 免费通 APP，便可免费获取 WiFi 账号，享受网上冲浪，如图 3-27 所示。

图 3-27　WiFi 免费通

3.2.5 移动 WiFi 通

移动 WiFi 通是中国移动针对旗下用户提供的 WiFi 热点平台，能够帮助用户快速掌握周边的 WiFi 热点，提供一键登录、一键连接等功能，如图 3-28 所示。

图 3-28 移动 WiFi 通

 专家提醒

WiFi 软件是移动互联网时代 WiFi 移动智能营销的重要表现，将 WiFi、APP 和移动设备三者相结合，将最大限度地为企业增加盈利。

完善的营销策略是帮助企业更好实现精准营销的最佳手段，本章主要是对 4 种营销策略的详细介绍，希望为企业营销提供决策与参考。

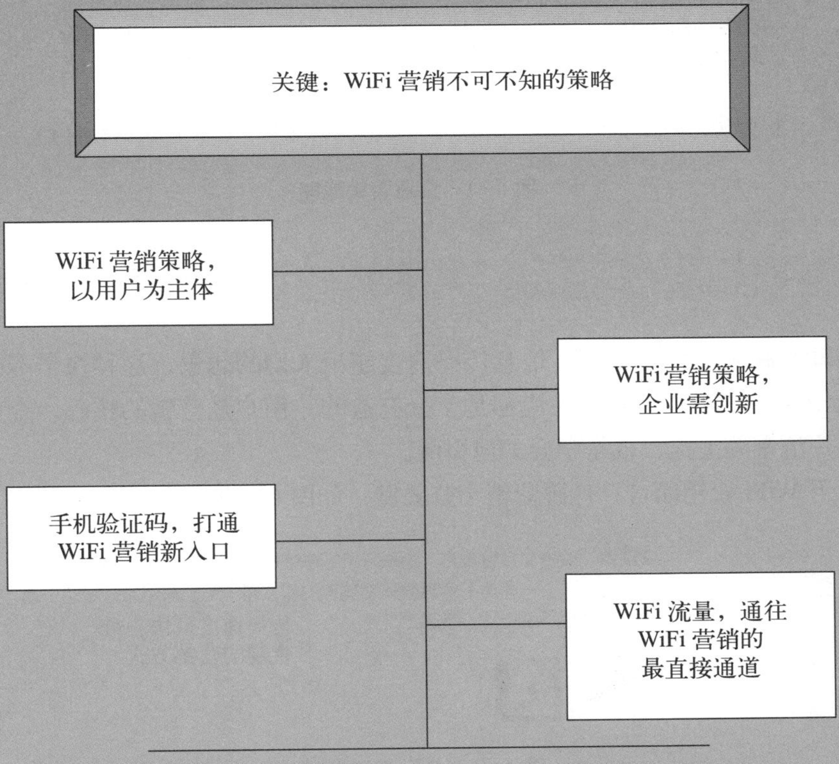

关键：WiFi 营销不可不知的策略

WiFi 营销策略，
以用户为主体

WiFi 营销策略，
企业需创新

手机验证码，打通
WiFi 营销新入口

WiFi 流量，通往
WiFi 营销的
最直接通道

4.1 WiFi 营销策略，以用户为主体

WiFi 与其他行业营销一样，注重用户体验和用户感受。总的来说，用户是企业营销的中心和核心，是企业盈利的来源和基础。如图 4-1 所示为企业营销战略。

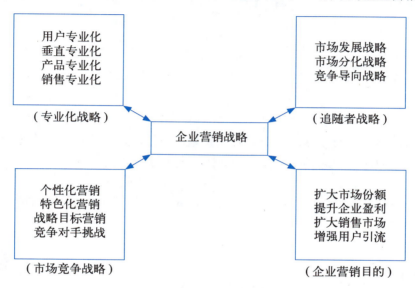

图 4-1　企业营销战略

4.1.1　用户引流是前提

移动互联网时代背景下，信息传播速度超出人们的想象，这种快节奏的网络传输无论对用户还是对企业来说都是十分有益的。用户是营销的核心，企业获取海量用户流量的前提，就是学会如何引流。

对于 WiFi 营销而言，口碑营销十分关键，如图 4-2 所示。

初次评价：
09.13

很精致、很好，各种满意。小米风格标志性包装。非常好用，稍微设置一下就连上了，一点也不像其他评论里说的那么差！用起来感觉挺好的，速度挺快，也不会断网。给满分。

传播速度最快、最直观的营销方式

图 4-2　WiFi 口碑营销

以小米随身 WiFi 为例，用户体验是衡量产品好坏最核心的标准。随着移动互联网的迅速发展，网络购物成为一种潮流，用户选择产品时，产品评价将直接影响产品的销量，是用户挑选产品的主要依据。

除了口碑引流外，商家还可以通过以下几方面实现用户引流，如图 4-3 所示。

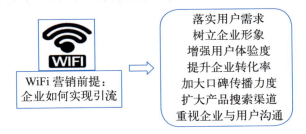

WiFi 营销前提：
企业如何实现引流

落实用户需求
树立企业形象
增强用户体验度
提升企业转化率
加大口碑传播力度
扩大产品搜索渠道
重视企业与用户沟通

图 4-3 企业如何实现用户引流

4.1.2 取名是策略

WiFi 名称，就如同一个企业的大门，是吸引用户的第一通道，如图 4-4 所示。

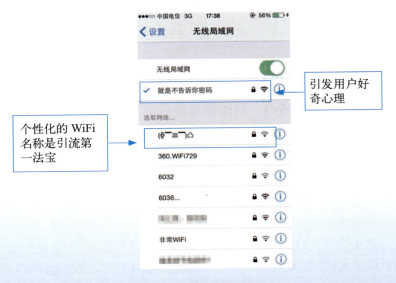

引发用户好
奇心理

个性化的 WiFi
名称是引流第
一法宝

图 4-4 WiFi 取名是策略

WiFi 营销中，最常用的取名策略为"简单直接"式、"地理围栏"式以及"亲切引导"式。

1. "简单直接"式

"简单直接"式是最为基础的 WiFi 名称营销方式，通常各大企业、酒店、餐厅都会选择直接使用自身品牌进行 WiFi 名称设定，如图 4-5 所示。

麦当劳"简单直接"式营销，帮助用户快速连接 WiFi

图 4-5 "简单直接"式的 WiFi 名称营销

2. "地理围栏"式

WiFi 中的"地理围栏"式营销，主要应用于各种大型商场等公众场所。当消费者走进 WiFi 覆盖区域时，系统将直接向用户发出广告，吸引消费者连接 WiFi，当消费者成功连接商场 WiFi 后，商家各种打折活动及宣传广告将自动弹出，通过这种方式实现精准营销。

3. "亲切引导"式

"亲切引导"式 WiFi 营销，就是指用户在企业引导下，通过简单操作，实现网络连接，享受无线网络。

以无线猎手为例，它是一款操作简单、一键直连的公共 WiFi 热点工具，用户无论是在机场、火车站、地铁还是商场，都能够使用无线猎手进行 WiFi 免费连接。

另外，同类型的 APP，还包括 WiFi 共享精灵、WiFi 伴侣、WiFi 管家等，如图 4-6 所示。

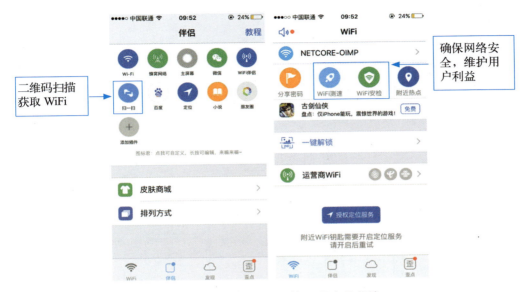

二维码扫描
获取 WiFi

确保网络安全，维护用户利益

图 4-6 "亲切引导"式的 WiFi 名称营销

4.1.3 原则是关键

随着智能手机与 WiFi 的盛行，越来越多的免费 WiFi 出现在我们的日常生活与工作中。一方面，免费 WiFi 为用户带来了便捷，另一方面，WiFi 安全隐患也随之增加。

杜绝 WiFi 安全隐患，从某种角度上来说，不仅仅是个人用户需要注意，WiFi 供应商以及企业和各个商户也需要高度重视。因此，把握 WiFi 连接原则十分重要，如图 4-7 所示。

图 4-7 把握 WiFi 连接原则

1. 供应商

　　企业想要通过 WiFi 提升品牌知名度与经济效益，选择一个好的 WiFi 供应商十分关键。供应商能够借助自身强大的技术开发优势与能力，为企业提供最优设备支持。如图 4-8 所示为 WiFi 供应商的作用。

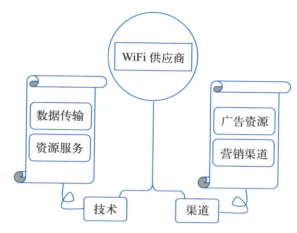

图 4-8　WiFi 供应商的作用

2. 企业

　　对于一些中小型企业而言，WiFi 设备的安装与管理并不是他们的强项，因此为企业提供智能化的设备管理是必不可少的。如图 4-9 所示为企业实现 WiFi 智能化管理的作用。

图 4-9　企业智能管理

　　在许多商用 WiFi 中都可以看到专为企业开放的设备管理界面，这在很大程度上提升了企业的工作效率。

3. 用户

2015年3月15日，央视"3·15"晚会现场演示了网络黑客如何通过WiFi获取用户隐私信息，一时间引起广泛热议，如图4-10所示。

央视"3·15晚会"相关微博

图4-10　央视"3·15晚会"主题是WiFi安全

由此可见，WiFi安全正逐渐成为威胁消费者人身财产安全的关键因素，企业与WiFi提供商务必最大限度地保障消费者安全，为消费者提供优质、绿色的WiFi设备。以360免费WiFi为例，360免费WiFi致力于打造"绿色安全"的无线网络，赢得了海量用户的认可，实现精准营销，如图4-11所示。

亿万级热点覆盖

超过1.3亿国内（含港、台热点）覆盖
商场、酒店热点全线接入

最权威的安全检测

维护消费者安全

360网络安全中心实时监控热点数据安全
确保您的上网安全

图4-11　360打造"绿色安全"的免费WiFi

4.2 WiFi 营销策略，企业需创新

创新，是企业实现精准营销的出路，是引领企业发展的动力，只有创新才能在同行业中拔得头筹。如图 4–12 所示为创新对于企业营销的作用。

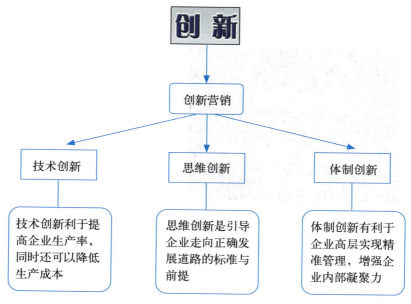

图 4–12　创新对于企业营销的作用

4.2.1　WiFi 伴侣，创新的运营商营销

随着免费 WiFi 的普及，越来越多的企业投身于免费 WiFi 的研发与推广中。2013 年，一款名为"WiFi 伴侣"的 APP 应用出现在人们的视野中，通过与运营商的合作实现了创新的免费 WiFi 营销。

"WiFi 伴侣"的营销模式，主要是通过向运营商购买移动数据流量并将其提供给用户使用，来实现 APP 产品用户引流。

"WiFi 伴侣"的注册用户已超过 3000 万人次，每天都有约 100 万的用户活跃在"WiFi 伴侣"APP 中，大大提升了企业收益。如图 4–13 所示为"WiFi 伴侣"的创新营销。

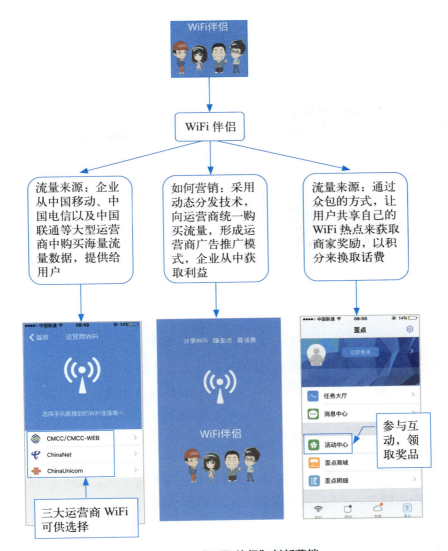

图 4-13 "WiFi 伴侣"创新营销

4.2.2 WiFimax，创新的自助营销

"WiFimax"是由南京一家 WiFi 路由器供应商提出的企业自助营销模式，为企业营销提供了自主平台，如图 4-14 所示。

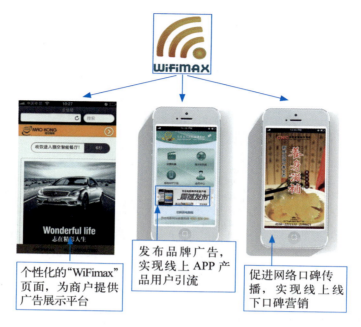

个性化的"WiFimax"页面,为商户提供广告展示平台

发布品牌广告,实现线上 APP 产品用户引流

促进网络口碑传播,实现线上线下口碑营销

图 4-14　"WiFimax"营销

现阶段,WiFimax 还实现了"WiFi+ 支付宝"的联合营销模式,致力于抢占移动互联网流量新入口,为企业开展 WiFi 营销提供了多元化平台。

4.2.3　公共 WiFi,创新的信息采集营销

当用户使用公共 WiFi 浏览微信、微博等社交平台时,商家系统会自动将用户纳入企业粉丝群中,通过向用户推送广告,达到营销和产品推广的目的,如图 4-15 所示。

图 4-15　公共 WiFi 覆盖

此外，系统还会自动采集用户上网信息，如图 4-16 所示。

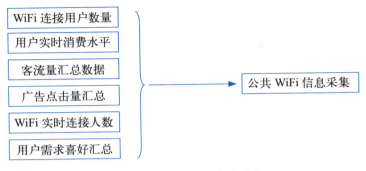

图 4-16　公共 WiFi 信息采集

4.3　手机验证码，打通 WiFi 营销新入口

继无线路由器走进居民家中与企业办公区后，越来越多的企业开始构建商用 WiFi，希望通过这种方式吸引用户流量，增加企业收入。

目前，WiFi 在商业中的应用越来越广泛，成为市场传统产业的标配，商家向前来消费的用户提供 WiFi，不仅能够为其提供方便，更重要的是进一步推广了企业的产品与业务。手机验证码营销，替代了早前传统的会员制营销模式，是传统营销转向移动互联网智能营销的重要标志，如图 4-17 所示。

输入短信验证码，即可连接 WiFi

用户输入手机号，获取短信验证码，才能连接 WiFi。在这一过程中，商家就已对用户手机号进行了收集，为二次营销奠定基础

63

图 4-17　手机验证码 WiFi 营销

星巴克、麦当劳等知名连锁品牌就是通过这种方式为用户提供免费 WiFi，实现了企业业务增长。

4.3.1　手机验证，探索星巴克的免费 WiFi 营销

众所周知，星巴克是一家来自于美国的著名连锁咖啡品牌，1971 年创立至今，经久不衰，吸引了无数顾客光临，在世界各国开有多家分店，逐渐成为全球范围内规模最大的咖啡企业。

那么，星巴克到底具备哪些优势能让其受到市场和顾客的广泛欢迎呢？除了其本身拥有最佳的咖啡豆原料外，还与其良好的品牌形象相关联。进入移动互联网时代，智能手机与无线网络的盛行，也让星巴克看到了企业营销新机遇，如图 4-18 所示。

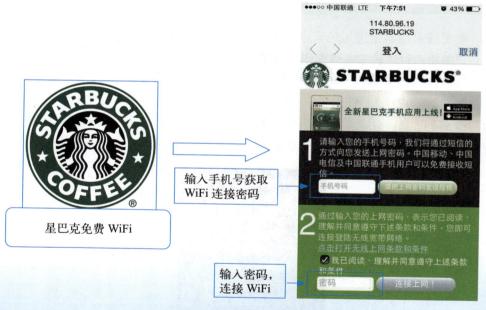

图 4-18　星巴克免费 WiFi 营销

那么，星巴克通过手机验证码为用户提供免费 WiFi，是怎样实现企业营销的？如图 4-19 所示。

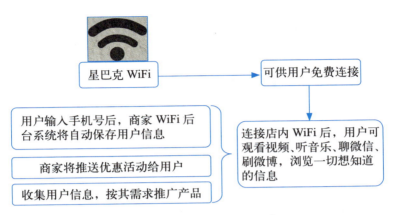

图 4-19　手机验证 WiFi 营销

专家提醒

星巴克还专门针对中国市场开发了 WiFi 营销新模式，实现与中国移动的联合推广。中国移动为星巴克提供了全套的网络服务，包括硬件设备和软件服务支持，以包月付费的形式为用户搭建线上付款平台，连接 WiFi，打开支付宝钱包便可实时买单，如图 4-20 所示。

图 4-20　连接星巴克免费 WiFi，实现移动支付

目前，该方案已在全国 200 多家星巴克店面得到了推广与应用，无论对于星巴克还是对于中国移动，品牌都将得到大范围推广。

4.3.2　手机验证，探索大型商场 WiFi 热点

随着城市化发展进程的不断深入，越来越多的大型商场陆续进驻各大城市，为人们添加了新的购物渠道。

移动互联网时代背景下，可以看到最大的变化就是人们越来越离不开手机。因此，传统且单一的商场营销已无法满足消费者需求，人们更希望在购物时可以直接拿出手机连接 WiFi 查询对应商品信息，当逛街累了坐下来休息时，也希望拿出手机便可直接发微博、聊 QQ、刷朋友圈。

为了顺应时代发展潮流，最大限度地满足消费者需求，提升企业收益，树立良好的品牌形象，免费 WiFi 开始入住各大商场，为消费者的休闲时光增添了新乐趣，如图 4-21 所示。

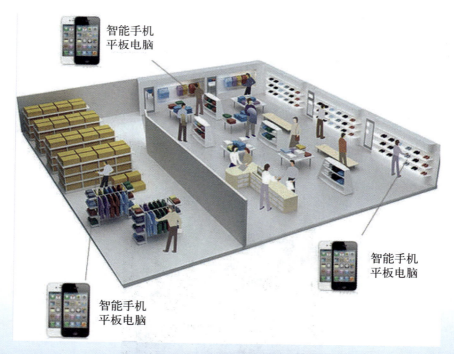

智能手机
平板电脑

智能手机
平板电脑

智能手机
平板电脑

图 4-21　商场 WiFi 热点覆盖场景

以银泰商场为例，用户进入商场 WiFi 覆盖范围内，直接输入手机号，获取 WiFi 密码，即可享受免费 WiFi，如图 4-22 所示。

搜索商场 WiFi，通常公共场所的 WiFi 名称都很直观、简单

输入手机号，连接商场 WiFi

图 4–22　银泰商场免费 WiFi

一般情况下，大型户外场所的 WiFi 设置都是交由第三方企业，也就是 WiFi 设备供应商完成安装与设置，从而实现免费 WiFi 营销，如图 4–23 所示。

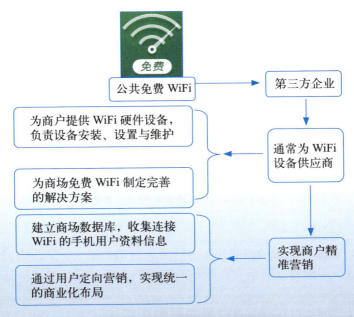

公共免费 WiFi → 第三方企业

为商户提供 WiFi 硬件设备，负责设备安装、设置与维护

为商场免费 WiFi 制定完善的解决方案

通常为 WiFi 设备供应商

建立商场数据库，收集连接 WiFi 的手机用户资料信息

通过用户定向营销，实现统一的商业化布局

实现商户精准营销

图 4–23　公共场所免费 WiFi 营销

67

4.4 WiFi 流量，通往 WiFi 营销的最直接通道

WiFi 流量费用，一直以来都困扰着各大 WiFi 营销商。收费，将很大程度地降低用户流量，不收费，又很难提升企业经济收益，这种收入与支出不平衡的现象一直存在于 WiFi 营销市场。

为此，许多 WiFi 营销企业、设备提供商以及运营商开始不断寻求一种两全其美的解决方案，既要保证用户数量，还要为提升品牌收益而努力。在这种情况下，WiFi 流量间接收费、捆绑收费的营销方案陆续推出，最大限度地满足了企业需求。

4.4.1 WiFi 流量的捆绑式营销

我们将 WiFi 捆绑式营销战略分为捆绑式收费与间接式收费两部分，如图 4-24 所示。

WiFi 流量

捆绑式收费：
2014 年，中国联通"流量银行"项目的推出，标志着运营商的捆绑式流量营销方案正式投入应用，同时促使流量营销呈现多元化发展趋势

间接式收费：
随着移动互联网时代 3G、4G 网络的盛行，运营商发现流量直接营销不再是最好的盈利模式，间接收费模式的出现，为运营商精准营销提供了保障

图 4-24　WiFi 流量的捆绑式营销

1. 捆绑式收费

2014 年，我国各大营运商展开了一场流量营销角逐战，紧跟中国联通"流量银行"的步伐，中国移动随后宣布推出与互联网平台共同打造"流量统付"的联合营销方案。

中国移动的首次"流量统付"营销模式的合作对象，分别为大热的新浪微博

与奇虎 360。据了解，根据合作协议，中国移动将分别免除 360 手机助手用户部分流量费用，还针对新浪微博多项业务实现流量免除。

　　"流量统付"营销方案的推出，无论是对中国移动本身，还是新浪或奇虎来说，都是十分利于其企业营销的。

2．间接式收费

　　间接式收费的营销模式，我国并不是先例，在美国、日本等国家就已先后开展了间接式流量收费营销，并不同程度地推动了企业与运营商营销。

　　在我国，间接式的流量营销可以概括为两方面，如图 4-25 所示。

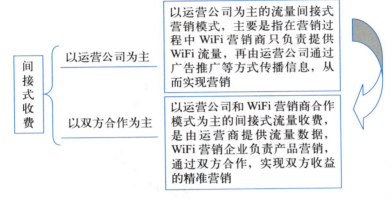

图 4-25　间接式流量收费

4.4.2　WiFi 流量的定向式营销

　　运营商与互联网企业的定向式联合营销，在推动互联网公司发展的同时，也很大程度地提高了其自身的盈利，如图 4-26 所示。

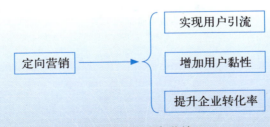

图 4-26　定向营销

以中国联通与滴滴打车的联合定向营销为例，在活动期间，凡是使用滴滴打车 APP 的中国联通用户都可享受流量减免优惠。在定向营销过程中，中国移动与滴滴打车双方联合通过报纸、网络、广播、客户端推送等方式进行活动营销推广，引发广大用户响应。

由此不难看出，运营商与 APP 企业的联合营销，是增加用户黏性、提升企业盈利的最佳手段，如图 4-27 所示。

图 4-27　中国联通与滴滴打车联合定向式营销

专家提醒

在定向式营销模式开展的同时，中国联通还先后走访了多家出租公司，大力发展出租行业用户，希望以此扩展出租行业业务的发展，为企业营销创造机遇。

模式篇

互惠：
WiFi+二维码实现精准营销

第 5 章

移动互联网时代，WiFi 与二维码两大产业得到了迅速扩展，与其相关联的应用也得到普及，本章主要通过各种案例详细介绍 WiFi+ 二维码营销。

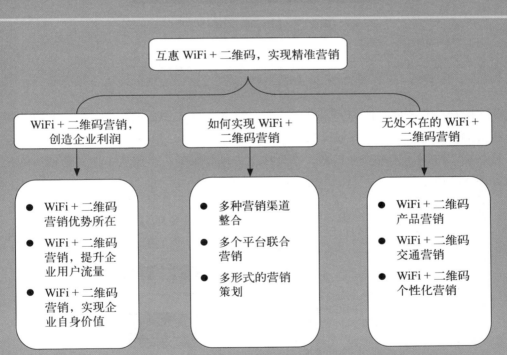

5.1 WiFi + 二维码营销，创造企业利润

二维码技术的兴起，归功于移动互联网时代背景下，智能手机与 WiFi 的普及。在二维码营销中，电商与微信是二维码营销的两大主要平台。近两年，随着微信用户的不断增加，许多 WiFi 营销商希望借用微信这一热门平台实现精准的 WiFi+二维码营销，如图 5-1 所示。

图 5-1 扫一扫，微信连 WiFi

5.1.1 WiFi + 二维码营销优势所在

以金牛角王西餐厅为例，真正意义上的 WiFi + 二维码营销，是指企业将与其相关的信息进行整合，并通过二维码的形式表现出来，用户通过移动设备 WiFi 连接扫描二维码，读取企业信息，享受线上埋单等服务，企业从中达到营销目的，如图 5-2 所示。

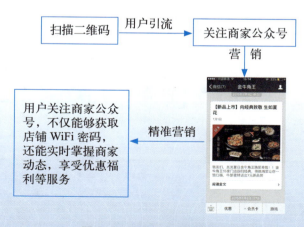

图 5-2 WiFi + 二维码营销

结合 WiFi + 二维码营销实战案例得知，其营销优势主要体现在以下几方面。

1. 容量大

与普通条码相比，二维码容量更大，更适用于企业营销。企业在制作二维码时，可以将大量的企业信息置于企业二维码中，为精准营销创造机遇。

2. 范围广

二维码范围是指编码范围，除了企业文字信息外，还能够将图片信息以压缩文件的形式放置于二维码中。

3. 识别性高

一般来说，普通的条形码错误识别率仅为百万分之二，而二维码的误码率不超过千万分之一，为企业营销的安全性与准确性提供了重要保障。

4. 成本低

二维码本身就是一种低成本、高价值的可供识别设备，因此企业将 WiFi 与二维码结合营销，很大程度上降低了企业资金投入。

5. 安全性高

WiFi + 二维码营销的安全性优势，主要体现在二维码的加密功能上。企业在对二维码进行编码时已对其进行了加密处理，为企业安全营销提供保障。

5.1.2　WiFi + 二维码营销，提升企业用户流量

营销市场中的 WiFi + 二维码营销，提升企业用户流量的战略举措，主要体现在以下几方面，如图 5-3 所示。

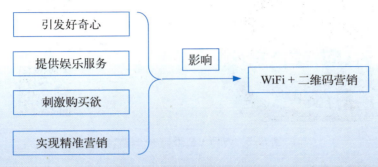

图 5-3　提升企业用户流量

1. 引发好奇心

由于二维码是一种带有扫描识别性质的营销载体，因此激发大众好奇心，是企业实现营销的核心与关键，个性化的二维码会引发消费者围观。如图 5-4 所示为成都某车展活动中出现的巨型 Jeep 二维码。

图 5-4　巨型二维码引发群众好奇心

消费者是企业实现营销的基础与前提，制作出优质的、个性化的二维码可刺激消费者好奇心，引导消费者连接企业 WiFi，扫描企业二维码，关注企业公众号。

除了制作个性化的二维码之外，许多聪明的商户还会将二维码与优惠活动相结合实现 WiFi + 二维码营销。以拿渡企业为例，引导用户扫描二维码，连接店内免费 WiFi，参与优惠活动，如图 5-5 所示。

图 5-5　WiFi + 二维码 + 价格营销

2. 提供娱乐服务

以温鼎火锅与金牛角王西餐厅为例，为用户提供多种休闲娱乐服务，吸引用户扫描二维码，连接 WiFi。

温鼎火锅为会员提供的打印相片服务，用户只需扫描二维码，连接店内 WiFi，关注商家公众号即可，如图 5-6 所示。

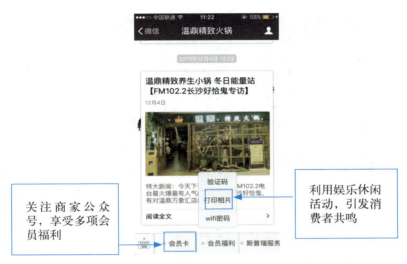

图 5-6　温鼎通过娱乐活动实现用户引流

金牛角王西餐厅在公众号中为消费者提供游戏服务，消磨用户等餐时间，这也是一种刺激消费的表现，可实现再次营销和多次营销，如图 5-7 所示。

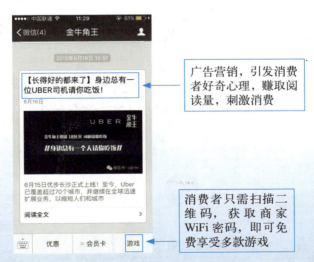

图 5-7　金牛角王游戏服务，利于实现二次营销

3．刺激购买欲

企业制作优质的二维码，并合理运用二维码实现 WiFi + 二维码营销，在一定程度上可以刺激消费者的购买欲望，从而实现企业盈利，如图 5-8 所示。

图 5-8　WiFi + 二维码营销，刺激消费

广告是实现企业营销的最直接通道，现阶段有许多企业将广告与二维码结合，实现 WiFi+ 二维码 + 广告营销模式，打通市场，刺激消费。

以方派智能充电宝为例，商家通过大篇幅的广告介绍其产品，刺激消费者购买欲望，引导其扫描广告上的二维码，如图 5-9 所示。

图 5-9　刺激消费的二维码

专家提醒

　　广告作为一种目的性十分明确的产品推广模式，能够准确地体现出产品特色与独特性。平面广告是最直接的广告展示形式，随着移动互联网时代的来临，二维码广告、APP 广告陆续出现在人们的视线中，为企业营销提供了新的渠道。

　　企业广告营销通常是指商家通过多种形式的广告向消费者展现旗下产品，并以此刺激消费者购物需求与欲望，从而实现盈利，是帮助企业达到精准营销的重要组成部分。

4．实现精准营销

　　WiFi + 二维码营销，为企业发展创造了新的机遇，用户只需连接 WiFi 扫描商家二维码，便可获取企业二维码内的所有信息，享受休闲娱乐服务、及时了解商家信息及优惠活动、完成与广告之间的互动、参与企业在线问卷调查、领取小礼品等。

　　在 WiFi + 二维码营销模式下，企业信息可以更快地传递给商家粉丝与旗下消费者，商家通过官方微博、公众号发布企业信息，实现与粉丝之间的互动。同时，消费者还能够及时向企业反馈信息，为企业发展出谋划策，实现精准营销。

　　芭斯罗缤冰淇淋的精准营销，如图 5-10 所示。

图 5-10　芭斯罗缤冰淇淋的精准营销

79

5.1.3　WiFi + 二维码营销，实现企业自身价值

在 WiFi + 二维码营销中，企业和商户主要通过以下三个方面实现其自身价值。

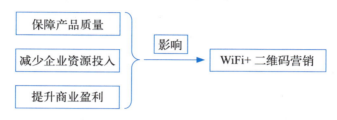

图 5-11　实现企业自身价值

1.　保障产品质量

WiFi + 二维码联合营销模式，不仅为企业盈利提供了新渠道和新平台，个性化的二维码也成为企业独特的防伪标签。

二维码的隐私加密功能，最大限度地保障了企业隐私安全，系统将企业二维码信息整合，统一置于企业数据库中，并建立统一的数据信息查询系统，消费者购买到贴有二维码防伪标识的商品，只需连接 WiFi 扫描二维码，即可轻松获取产品信息，包括真伪检验，如图 5-12 所示。

图 5-12　微信扫一扫查询产品真伪

　　企业在制作品牌二维码时，会输入大量的产品信息，如产品特征、型号、生产日期等，方便消费者核对与检验产品，如图 5-13 所示。

图 5-13　二维码防伪检验

2．减少企业资源投入

　　WiFi + 二维码在企业中的应用，在很大程度上提升了企业工作效率，降低了员工工作负担，在一定程度上减少了企业资源浪费。

　　例如，人们在外出旅游时，会在出门前先在网上预订门票，交易完成后，商家就可以将门票以二维码的形式发送到消费者手机上，当消费者到达景点时，可直接拿出手机连接景点 WiFi，打开二维码并通过景点员工核实进入景点游玩；或者到自助取票设备前，连接 WiFi 扫描二维码，获取纸质门票，如图 5-14 所示。

图 5-14　WiFi + 二维码门票营销，减少企业资源投入

3．提升商业盈利

WiFi + 二维码营销，如何提升企业商业盈利呢？主要表现在以下两方面。

1) 增加粉丝数量

个性化、多元化的二维码识别工具，是企业完成用户引流的直接手段，引导用户关注企业公众号，实现再次、多次营销。

2) 提升企业效率

二维码扫描本身是一种十分便捷，能够快速获取企业信息的渠道，WiFi + 二维码营销可减轻企业员工负担，提升工作效率，增加盈利。

5.2　如何实现 WiFi + 二维码营销

企业在开展 WiFi + 二维码营销前，需要制定健全且符合企业实际发展的战略营销方案，常见的 WiFi + 二维码营销技巧分为三种，如图 5-15 所示。

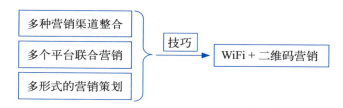

图 5-15　WiFi + 二维码营销技巧

5.2.1　多种营销渠道整合

企业将多种营销渠道整合，并应用于 WiFi + 二维码营销中，实现用户需求分析，通过渠道整合，为企业营销提供最高价值，提升渠道效率，如图 5-16 所示。

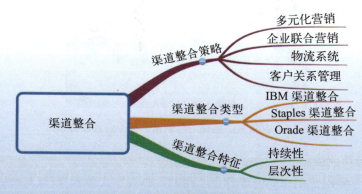

图 5-16　渠道整合营销

在社交平台渠道中，二维码在微信中的应用最为广泛，因此许多商家在实行 WiFi + 二维码营销方案时，都将目光放在微信平台上，将其作为最主要的营销平台，如图 5-17 所示。

图 5-17　微信平台 WiFi + 二维码营销

随着移动互联网的迅速发展，微信成为实现企业精准营销的重要渠道，为企业与消费者构建了线上互动平台，提升了企业营销效率，改变了消费者消费习惯，拉近了企业与消费者之间的距离。

以电器品牌艾美特为例，如图 5-18 所示。

图 5-18　艾美特微信平台 WiFi + 二维码营销

专家提醒

　　企业微信营销是移动互联时代背景下，最为常见的营销模式之一。微信营销平台，不受时间、空间的限制，企业只需注册公众号，制作个性化的企业二维码，即可实现 WiFi＋二维码＋微信平台营销。

　　这种全新的企业营销模式，将商户与消费者无缝连接，商家可以直接在线上推广其产品，真正从根本上实现点对点、面对面营销，如图5-19所示。

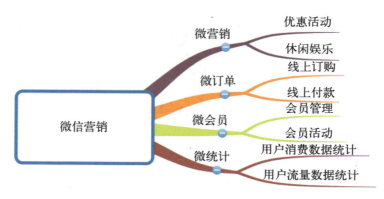

图 5-19　企业微信营销

传统的线下广告营销，也是十分常见的企业二维码营销模式，如图5-20所示。

线下广告宣传单引导消费者连接WiFi，扫描二维码，关注企业公众号

图 5-20　传统的线下广告渠道营销

专家提醒

　　线下广告宣传单是最普通也是最直接的营销推广、用户引流方式，在很大程度上节省了企业资金投入，减轻了企业负担，如图 5-21 所示。

图 5-21　线下广告宣传渠道

5.2.2　多个平台联合营销

　　营销平台，就是指企业通过网络平台推广实现产品营销，在二维码营销普及后也得到了广泛应用，如图 5-22 所示。

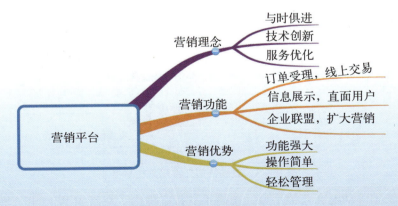

图 5-22　营销平台营销

1．亿惠通

亿惠通平台营销，主要是利用手机、WiFi 与二维码联合实现的新兴营销系统，如图 5-23 所示。

图 5-23　亿惠通 WiFi + 二维码营销

亿惠通平台为用户提供优惠券、会员卡等服务，商家将企业信息汇总到二维码中，用户连接 WiFi 扫描二维码，即可掌握企业信息。

2．灵动快拍

北京灵动快拍是一家专注于二维码制作、致力于识别技术创新的移动互联网企业，以二维码为工具和载体，为企业营销提供个性化平台，如图 5-24 所示。

图 5-24　灵动快拍二维码营销平台

灵动快拍移动电商营销平台，曾携手支付宝推出了全新的 WiFi + 二维码线上购物模式，实现了与多家中小型企业的联合。

5.2.3　多形式的营销策划

企业营销策划营销模式，是指企业为实现盈利目标，为企业营销作出的整体性规划，如图 5-25 所示。

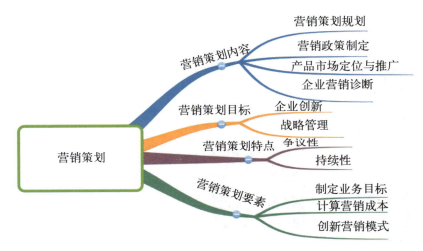

图 5-25　营销策划营销

1．WiFi + 二维码导购营销

商场引导消费者连接其免费 WiFi，扫描二维码，实现产品营销，如图 5-26 所示。

图 5-26　WiFi + 二维码导购营销

2．WiFi + 二维码优惠营销

许多企业会在公众号中开展多种优惠活动，吸引消费者参与，实现用户引流。以费尼汉堡餐厅为例，企业通过移动互联网技术，将与抽奖和优惠活动相关联的信息整合为手机网址，最后以二维码形式呈现，引导用户连接 WiFi 扫描二维码，参与企业优惠活动，如图 5–27 所示。

用户手机连接 WiFi，扫描二维码关注费尼汉堡公众号，即可免费领取费尼汉堡一个

图 5–27　费尼汉堡的 WiFi + 二维码优惠营销

企业实现优惠营销或者抽奖活动的具体步骤，一般分为五步，如图 5–28 所示。

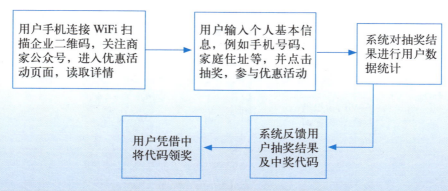

图 5–28　企业优惠与抽奖营销具体流程

5.3　无处不在的 WiFi + 二维码营销

随着二维码识别技术的广泛应用，越来越多的企业采取 WiFi + 二维码营销模式，提升企业盈利，如图 5–29 所示。

连接 WiFi，实现企业用户引流，达到精准营销的目的

图 5–29　无处不在的 WiFi + 二维码营销

5.3.1　WiFi + 二维码产品营销

随手拿起身边的食品包装袋，都能看到产品二维码的身影，如图 5–30 所示。

麦当劳食品包装袋上的二维码标识

图 5–30　二维码食品包装营销

5.3.2　WiFi + 二维码交通营销

随着 WiFi 产业与二维码产业的不断扩展，WiFi + 二维码的应用也越来越广泛，例如，在交通运输领域中的应用，连接 WiFi 扫描二维码支付车费，如图 5-31 所示。

图 5-31　WiFi + 二维码营销在交通运输中的应用

当人们出门乘车没带零钱或司机没有钱找零时，WiFi + 二维码为其提供了极大的方便。乘客使用手机连接车内 WiFi 并打开支付宝移动客户端，使用"扫一扫"功能，扫描二维码，系统就会自动识别。这时手机界面会自动跳转到相应的司机信息栏中，乘客只需输入相应的车费金额，一键支付即可。

随着移动电商品牌的迅速发展，支付宝刷车费也得到广泛应用，总的来说，移动互联网时代移动支付实现了大范围普及。

5.3.3　WiFi+ 二维码个性化营销

结合当前市场营销实例，个性化的产品包装、营销手段，将实现最大化的用户引流，因为个性化的产品利于激发消费者好奇心，市面上的产品营销手段千篇一律，企业在营销中只有寻求一条不寻常的道路才能在同行业中脱颖而出。

例如，由德国 Qkies 公司推出的二维码饼干，受到了市场广泛关注，企业利用这一新奇的营销思维，准确地吸引了消费者的眼球。

　　Qkies 公司为消费者提供了一种全新的表达情感的平台，消费者可以选择任意的信息要求企业将其制作成二维码，并粘贴在饼干上，收到该产品的用户只需拿出手机连接 WiFi 扫描二维码，即可获取二维码中的一切信息，如图 5-32 所示。

连接 WiFi，扫描二维码，获取信息

图 5-32　个性化的二维码产品

热点：
WiFi+APP 实现精准营销

　　无论是 WiFi 还是 APP，都是当下热门产业，对于企业营销而言，无疑会起到积极的推动作用。本章结合实战案例，详细分析企业如何利用 WiFi+APP 实现精准营销。

6.1　为何 WiFi+APP 能够实现精准营销

移动互联网时代背景下，智能产业中的移动设备迅速发展，得到广泛普及，而 APP 成为实现移动设备智能化的最佳表现形式，APP 营销市场也由此开拓，逐渐成为影响网络营销产业盈利的关键营销手段。如图 6-1 所示为移动终端 APP。

图 6-1　移动终端 APP

因此，企业应用 WiFi+APP 的联合营销模式将在很大程度上增加盈利。

6.1.1　APP 潮流来袭

智能手机现已成为人类的必需品，而 APP 又是智能手机的重要组成部分，在其中发挥着重要作用。现阶段，APP 分类已呈现分类精细化趋势。如图 6-2 所示为常见的 APP 类型。

图 6-2　常见的 APP 类型

APP 潮流来袭，彻底改变了人们的生活及消费习惯，不曾想象，在几年后的今天出门直接使用滴滴打车 APP，在家饿了使用肯德基宅急送 APP，购物直接打开手机淘宝 APP，社交直接打开微信、微博等 APP，移动互联网时代背景下衍生的产物包围着我们的现实生活，如图 6-3 所示。

图 6-3　海量 APP 为人们生活提供便利

6.1.2　APP 时代广泛应用

智能手机的大范围普及，在一定程度上为 APP 产业扩展创造了条件，现阶段，APP 在各行各业中都得到了积极的正面应用。

例如，线上购物 APP 有手机淘宝、京东商城等，如图 6-4 所示。

为消费者提供多种服务

针对用户需求实现定向营销

图 6-4　APP 在线上购物中的应用

例如，社交类 APP，拉近用户与用户之间的距离，移动电商企业通过用户引流，实现精准营销，从中赚取利润，如图 6–5 所示。

图 6–5　社交类 APP

6.1.3　APP 时代火爆营销

企业实现 WiFi+APP 营销，最终还要依赖移动手机的支持，可以说，当智能手机广泛普及后，APP 无疑成为移动互联网时代支撑企业营销与运营的关键载体。

为何移动互联网时代背景下，包括 WiFi、二维码、APP 在内的智能产业会如此受欢迎呢？如图 6–6 所示。

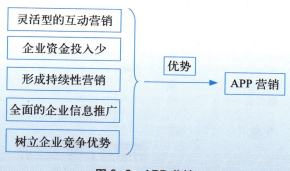

图 6–6　APP 营销

1．灵活型的互动营销

在企业营销中，WiFi+APP 是一款灵活度极高的企业营销手段，使用过程简单、易操作。例如，拿出手机连接 WiFi 扫描企业二维码获取 APP 下载地址，下载软件，如图 6-7 所示。

手机连接 WiFi 扫描二维码下载 APP

图 6-7　手机扫描下载 APP

而 WiFi+APP 营销的互动型特征，体现在商家与用户之间的互动。例如，在北京某大型商场，下载商场官方 APP，连接其免费 WiFi，商场系统将通过广告的形式自动向用户推送商场中好玩的和好吃的，既能为消费者提供参考依据，也从根本上对商场旗下所有的品牌进行了营销推广，如图 6-8 所示。

为用户提供商场内所有品牌的位置导航

提供会员专属活动与优惠

图 6-8　WiFi+APP 灵活型的互动营销

2．企业资金投入少

对于 APP 营销模式而言，推广费是企业需要承担的少数费用之一，总的来说，与多媒体平台营销相比，WiFi+APP 营销是一种十分便利且优惠的营销方式，这一营销模式呈现出来的营销效果，也是其他营销模式无法代替和超越的。

3．形成持续性营销

WiFi+APP 营销过程中的持续性特征，实际上也是降低企业资金投入的一种重要体现，因为用户一旦下载了企业 APP，就表示持续性营销已经开启，只要用户不主动卸载 APP，那么软件将发挥持续性作用，不时地向用户进行产品推广、开展优惠政策等活动，吸引用户点击 APP，实现用户引流。

在这一持续性营销过程中，将产生潜移默化的影响。

4．全面的企业信息推广

众所周知，WiFi+APP 营销中，APP 页面能够为用户展现全面的品牌营销信息，让用户身临其境，仿佛能够冲破手机屏幕与无线网络的屏障直接触摸到产品，亲自感受来自产品的魅力。

同时还可以进行信息推广与优惠活动联合营销，刺激用户的购买欲望，为二次营销创造条件与机遇。例如，"美团"APP 针对新用户推出的定向性营销模式，首次下单的用户，即可享受独一无二的优惠活动，如图 6-9 所示。

首次使用美团下单的用户，有机会享受极低的优惠价格，企业抢占用户流量入口，利于推广二次营销。

图 6-9 美团优惠活动

5．树立企业竞争优势

品牌形象是一个企业的灵魂与核心，良好的品牌形象与品牌实力在很大程度上将提升企业综合竞争力，为企业营销奠定基础。WiFi+APP 营销帮助用户足不出户就可以直观了解品牌与产品信息，从而进一步提升品牌形象。

6.1.4　APP 时代营销方向

移动互联网发展背景下，结合 WiFi 发展现状，APP 时代营销向什么方向发展，又会呈现什么样的发展趋势呢？如图 6-10 所示。

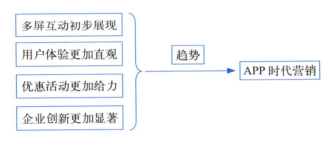

图 6-10　APP 时代营销

1．多屏互动初步展现

WiFi+APP 联合营销，是移动互联网发展成果的重要体现，越来越多的企业投身于 WiFi+APP 营销，通过个性化的营销模式实现产品推广和精准营销，如图 6-11 所示。

图 6-11　APP 多屏互动营销推广

地铁站中的 1 号店 APP 推广，将产品通过多屏的方式进行了直观展现，使用户一目了然，增加用户感受。同时，消费者可以使用手机扫描广告上的二维码，下载 1 号店 APP，实现用户引流。

专家提醒

多屏互动营销是由多种营销方式整合而成的一种多渠道营销手法，广告定向营销是多屏互动模式的最佳表现形式。企业针对特定消费者进行定向推广，制定个性化的广告推广内容，并开通与 APP 用户的互动渠道，从而实现企业营销目标，并获得企业盈利。

那么，多屏互动模式在企业营销中发挥着什么作用呢？如图 6-12 所示。

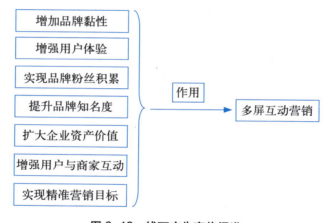

图 6-12　线下广告宣传渠道

此外，移动互联网时代为企业营销提供了 WiFi 与智能终端，将两者结合，也可以为多屏互动营销模式创造新的价值。

2．用户体验更加直观

WiFi+APP 营销除了要将营销信息推送给用户以外，更重要的是要增强用户体验，促进消费，因此，互动营销是企业用来吸引用户、留住用户的最佳方式。

例如，"手机淘宝" APP 中许多商家开启了免费试用活动，为那些对产品犹豫不决的消费者提供了免费试用。一方面增加了消费者对于商家的好感，另一方面消费者拿到试用产品使用满意后，极有可能与该商家继续合作，届时商家将赚取更加丰厚的利润，如图 6-13 所示。

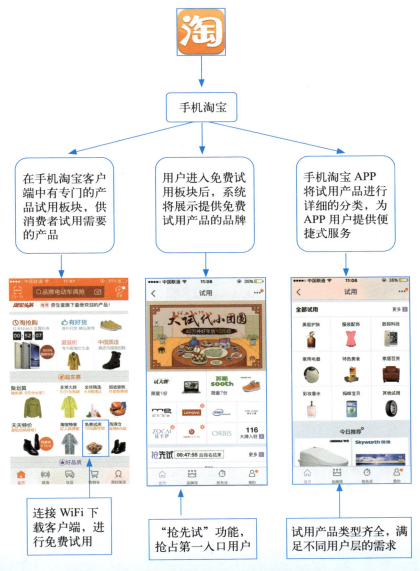

图 6-13　WiFi+APP 营销，用户体验更加直观

3．优惠活动更加给力

　　优惠活动是企业实现用户引流的主要方向之一，因为大部分用户在购买产品时都会首先挑选最优惠的商家。WiFi+APP 营销会将优惠活动作为企业发展重心，为企业盈利提供助力。

4．企业创新更加显著

以飞利浦"智能空气"APP 为例，企业在 APP 中通过室内空气的检测，为 WiFi 用户推广其空气净化器，这种创新的针对性营销是十分聪明的营销手段，如图 6-14 所示。

图 6-14　飞利浦的企业创新营销

6.2　如何实现 WiFi+APP 精准营销

如何做好 WiFi+APP 精准营销，不仅与产品本身关系密切，还与企业和用户密不可分。企业在对产品进行推广时，务必时刻将消费者放在首要位置，始终以用户体验为主。

与此同时，注重产品设计与产品推广战略创新，也是实现精准营销的有效途径。总的来说，实现 WiFi+APP 精准营销，需要遵循以下三方面原则，如图 6-15 所示。

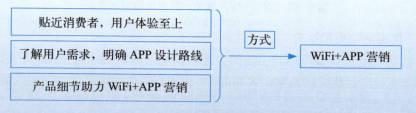

图 6-15　WiFi+APP 营销原则

6.2.1　贴近消费者，用户体验至上

所谓贴近消费者，是以用户体验为 WiFi+APP 精准营销标准，企业要随时掌握消费者需求，明确同行业整体市场发展方向。

例如，聚划算的 WiFi+APP 营销，为消费者带来最低廉最实惠的消费享受，如图 6-16 所示。

图 6-16　聚划算 WiFi+APP 营销

● 消费者下载"聚划算"APP，连接 WiFi 抢红包，购物时可直接作为现金使用，这是一种贴近用户需求的营销方式。

● "聚划算"这一持续性的优惠软件，常出现"抢光啦"的现象，标识十分醒目，容易给浏览产品信息的消费者留下深刻影响，刺激消费者购买欲。

● "聚划算"提供城市定位，通过 WiFi 自动定位用户当前区域，可享受当地专属折扣，系统自动为消费者推送当地产品，即付款即发货，缩短货运时间，给消费者留下良好印象，满足消费者个性化需求，利于二次消费。

例如，"墨迹天气"APP 简单清晰的界面、卫星定位等个性化服务，很大程度满足了消费者个性化需求，如图 6–17 所示。

图 6–17　墨迹天气 WiFi+APP 营销

"墨迹天气"APP 利用简单、丰富的界面和实用功能实现了用户引流。

APP 为用户提供 200 多个城市的天气数据，卫星定位功能可准确掌握用户所属地信息。

APP 界面还可展示当地城市街景信息，为用户提供更加直观的气温体验，不再受手机屏幕的局限。

6.2.2　了解用户需求，明确 APP 设计路线

在 WiFi+APP 营销中，APP 设计是营销的前提条件，只有设计出优质的 APP 产品，才能为 APP 营销创造有利条件。具体的 APP 设计路线，如图 6–18 所示。

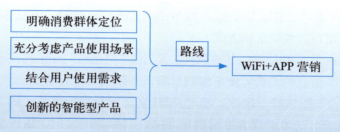

图 6–18　WiFi+APP 营销路线

1．明确消费群体定位

企业在进行 WiFi+APP 联合营销前，首先需要明确产品的主要销售对象。现阶段，人们大都会玩智能手机，都会连 WiFi，下载 APP，但是对于企业营销，特别是对于 WiFi 营销而言，主要针对的消费人群还是年轻群体。

企业在设计 APP 过程中，只有抓住年轻群体的痛点与痒点，结合他们的实际需求，研发个性化的 APP 产品，致力于推陈出新，才能设计出令市场和消费者都满意的产品。

2．充分考虑产品使用场景

既然是 WiFi+APP 营销，企业在设计 APP 时，就需要将能够连接 WiFi 使用 APP 的地点作为主要研究对象，最大限度地扩展产品使用场所。在拥挤的场所使用产品时，可直接进行语音识别输入，同时也能减少用户操作步骤，使产品在公共区域也能实现口碑推广，助力企业营销。

3．结合用户使用需求

设计出符合用户需求的 APP 产品，例如，微博与微信的自动保存功能。微信在断网环境下，没有发送出去的信息会自动保存在手机客户端，用户连接 WiFi 后直接点击发送即可。微博也一样，所有由于网络掉线、系统闪退等异常问题导致的信息丢失或残缺，一般情况下系统都会自动备份保存，十分方便。

结合用户使用需求，以"微信"APP 为例，当用户不小心将对话框关闭时，可连接 WiFi，通过"查找聊天内容"功能找回聊天记录，如图 6-19 所示。

图 6-19　微信结合用户使用需求的营销

105

专家提醒

微信对于用户聊天记录的保存，还可以使用记录迁移进行备份，如图 6-20 所示。

图 6-20 微信个性化的 WiFi 功能

4．创新的智能型产品

以"百度地图"APP 输入方式为例，系统会自动根据用户输入内容，进行智能识别，给出与用户内容相符合的搜索结果，如图 6-21 所示。

图 6-21 WiFi+APP 创新的智能型产品

6.2.3　产品细节助力 WiFi+APP 营销

只有高质量的 APP 产品才能为企业实现精准营销提供助力，如图 6-22 所示。

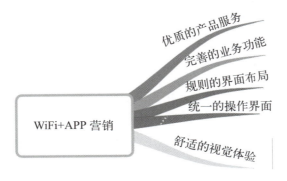

图 6-22　产品细节助力 WiFi+APP 营销

俗话说，细节决定成败，遵循细节法则将为企业营销带来意外收获。首先，在 WiFi+APP 营销中为用户提供优质服务与完善业务，将作为企业用户引流的第一步。其次，规则的界面布局、统一的操作界面会为消费者提供更加直观的用户感受，利于保障 APP 界面运行的一致性。

6.3　无处不在的 WiFi+APP 营销案例

无处不在的 WiFi+APP 营销，主要体现在实战案例中，下面我们通过企业实际营销案例，展望 WiFi+APP 营销以及两个新兴产业的发展，如图 6-23 所示。

用户下载企业智能 APP，连接 WiFi 一键控制与管理智能设备

图 6-23　威讯 WiFi 智能插座

6.3.1 萝卜 WiFi，保障用户安全

随着 WiFi 与 APP 的广泛应用，大量的钓鱼 WiFi、病毒 WiFi 不断涌现，威胁着消费者的切身利益，不少用户开始高度重视隐私安全。但相对于运营商而言，WiFi 持续性更强，使用更加优惠，而用户在使用 WiFi 时，如果过于限制自己，会带来很多不便。

由萝卜 WiFi 推出的"WiFi 软件 +APP"，为广大用户提供了既安全，工作效率又高的 APP 产品，减少隐患，让用户无后顾之忧。

稳定高效的服务　　　ADE 广告互换

APP 与客户端融合　　　差异化精准营销

图 6-24　萝卜"WiFi+APP"营销模式

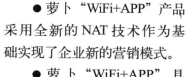

● 萝卜"WiFi+APP"产品采用全新的 NAT 技术作为基础实现了企业新的营销模式。

● 萝卜"WiFi+APP"具有防入侵、防钓鱼等优质功能，最大限度地保障了用户隐私安全。

例如，上海某连锁餐厅负责人加入由萝卜 WiFi 推出的"WiFi 合作人计划"，在店内设置免费 WiFi，实现线上支付等个性化功能，如图 6-24 所示。

对于营销企业而言，只需下载萝卜"WiFi+APP"产品，并注册营销账号，设置企业密码和地址，上传营业执照，便可成为该活动的一员。消费者下载 APP，即可以搜索附近 WiFi，查看商家促销活动，享受移动支付等功能，如图 6-25 所示。

萝卜 WiFi 联盟热点，安全可靠放心，无须密码，一键直连。连接商家的 WiFi，就会弹出所对应商家的 WiFi 主页，并加入 LBS、资讯、积分、支付等应用，推动本土 O2O 发展。

6.18 亿
PC端用户

5 亿
移动端用户

图 6-25　萝卜"WiFi+APP"营销

6.3.2 WiFi 收益宝，会赚钱的营销工具

"WiFi 收益宝"APP 是平安 WiFi 集团旗下的一款 WiFi+APP 营销软件，企业安装"WiFi 收益宝"APP 实现内部无线热点共享，根据连入设备的时间长短，分别收取不同的费用。如图 6-26 所示为"WiFi 收益宝"WiFi+APP 营销模式。

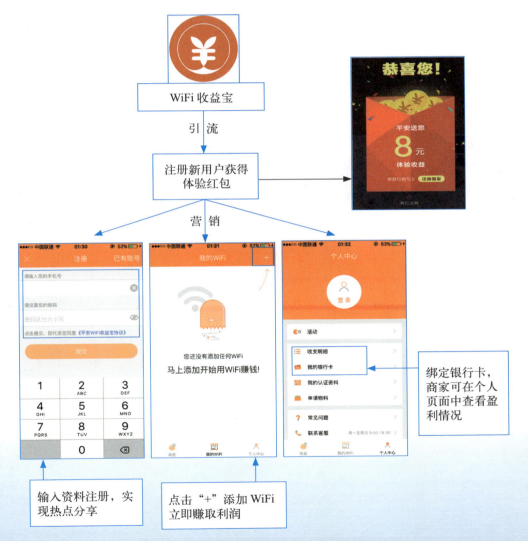

图 6-26 "WiFi 收益宝"WiFi+APP 营销模式

专家提醒

　　"WiFi 收益宝" APP，为企业提供了营销收益管理平台，在实时管理的过程中，企业既能实现对 APP 用户隐私的维护，还能进行产品营销。

　　"WiFi 收益宝" APP 的营销手段，是将热点网络分享给每一位用户，并按照用户使用企业热点的频率与时间从中获取盈利。就目前市场而言，一家常规规模的企业，每月还可获得超过 200 元的时长补贴费用。

　　如图 6-27 所示为 "WiFi 收益宝" APP 营销优势。

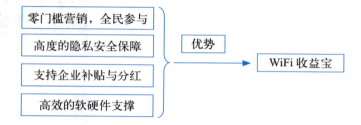

图 6-27 "WiFi 收益宝" APP 营销优势

定位：
WiFi+LBS 实现精准营销

第 7 章

无论是 WiFi 还是 APP，都是当下热门产业，对于企业营销而言，无疑会起到积极的推动作用。本章结合实战案例，详细分析企业如何利用 WiFi+LBS 实现精准营销。

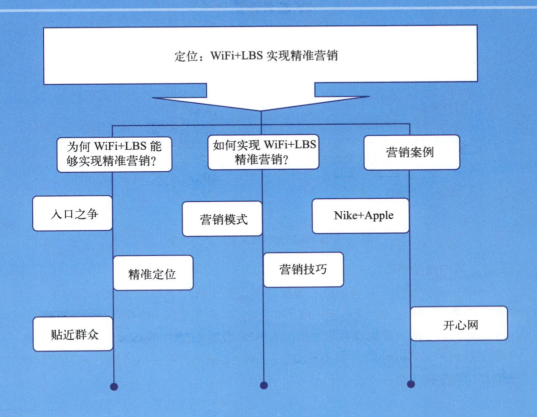

7.1 为何 WiFi+LBS 能够实现精准营销

所谓 LBS，就是指利用移动网络获取用户实时定位的关联技术，现已广泛应用于多个领域，助力相关企业营销，同时也为用户提供了全新的增值服务。

WiFi 技术是基于移动互联网时代的重要应用，将 WiFi 与 LBS 技术相结合，构建 WiFi+LBS 营销模式，也是移动互联网时代背景下的新尝试。

7.1.1 LBS 聚焦移动互联网入口之争

LBS 是移动互联网时代的新兴技术，同时也是企业抢占用户流量入口的最新手段。如图 7-1 所示为 LBS 聚焦移动互联网入口之争的体现。

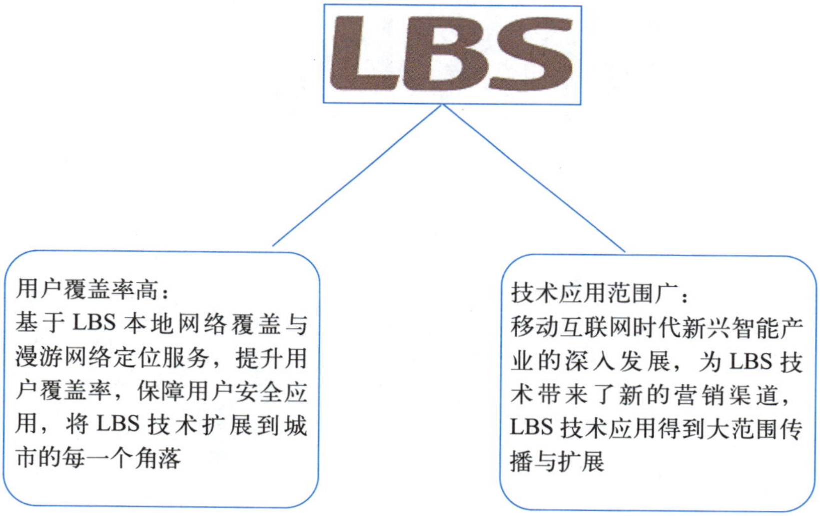

用户覆盖率高：
基于 LBS 本地网络覆盖与漫游网络定位服务，提升用户覆盖率，保障用户安全应用，将 LBS 技术扩展到城市的每一个角落

技术应用范围广：
移动互联网时代新兴智能产业的深入发展，为 LBS 技术带来了新的营销渠道，LBS 技术应用得到大范围传播与扩展

图 7-1 LBS 聚焦移动互联网入口之争

1. 用户覆盖率高

移动互联网时代，智能手机的普及，很大程度增加了 LBS 技术的用户覆盖，人们只需拿出手机连接 WiFi，即可使用实时定位、位置搜索、查看附近门店等功能。

例如，某智能可穿戴设备品牌推出的 APP 智能儿童鞋，就通过 LBS 定位技术实现了对用户位置的定位，家长只需下载该产品相关联的手机 APP，即可掌握孩子位置，确定孩子是否安全，如图 7-2 所示。

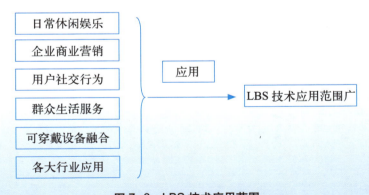

用户定位

LBS 技术实现计步统计，家长实时查询孩子移动轨迹

图 7-2　WiFi+LBS 应用

由图 7-2 可知，移动手机用户量将直接影响 LBS 服务用户整体比例。移动手机用户使用 WiFi 进行定位搜索，将很大程度增强用户对 LBS 的使用体验，提升基于 LBS 技术实现的软硬件设施的工作效率。

2. 技术应用范围广

随着手机地图的普及，在短时间内加深了 LBS 技术与移动应用之间的融合，为用户出行提供了更加便捷的渠道，同时也扩展了 LBS 技术在各个行业中的应用，如图 7-3 所示。

| 日常休闲娱乐 |
| 企业商业营销 |
| 用户社交行为 |
| 群众生活服务 |
| 可穿戴设备融合 |
| 各大行业应用 |

应用 → LBS 技术应用范围广

图 7-3　LBS 技术应用范围

7.1.2　LBS 实现精准定位

　　LBS 最早起源于美国，被用于国家军事领域，陆续扩展到车辆定位等领域，这也标志着 LBS 技术应用逐渐平民化，实现了精准定位。例如，手机地图上的"附近搜索"功能，连接 WiFi 打开地图，即可在最短时间内为用户找到附近位置信息，如图 7-4 所示。

当用户偶遇汽车没油等紧急情况时，拿出手机连接 WiFi，打开手机地图，即可搜索附近加油站

图 7-4　LBS 附近搜索

专家提醒

　　通常，移动终端实现定位的方式有两种，一种是卫星定位法，在功能上卫星定位准确度普遍较高，但卫星定位受空间限制，只提供室外定位服务。另一种是通过 WiFi 网络实现手机定位，与卫星定位相比，WiFi 网络定位应用范围更加广泛，但是 WiFi 定位缺乏准确性。

　　无论是卫星定位还是 WiFi 定位，都需要通过移动终端这一载体来实现。WiFi 定位的快速性更多应用于周边位置搜索服务，而卫星定位则比较适合用户车辆定位追踪。

7.1.3　贴近群众，重视用户需求

　　我们常说的 WiFi+LBS 营销，是指与 LBS 技术相关联的企业利用 WiFi 进行

移动端用户的定位服务销售，帮助目标客户深入企业产品，从而实现产品定向推广，达到品牌营销推广的目的。

在移动应用营销中，LBS 定位服务占据关键地位，以用户所处位置为参考，提供定向服务，实现精准营销。如图 7-5 所示，为 WiFi+LBS 营销方式。

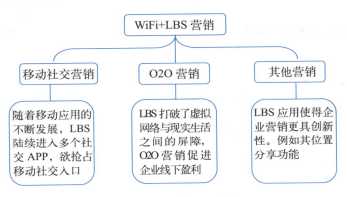

图 7-5　WiFi+LBS 营销

WiFi+LBS 营销贴近群众、重视用户需求，体现在其技术的智能化上。随着电子商务产业规模的迅速扩展，消费者线上购物存在着相应弊端，比如，用户花费大量的时间才能找到合心意的产品，在无形中企业会失去一半的用户。

基于 LBS 技术实现的个性化推荐引擎，就很好地解决了这一问题，以"长沙团购导航"APP 为例，WiFi+LBS 在手机团购 APP 上的精准客户定位营销，如图 7-6 所示。

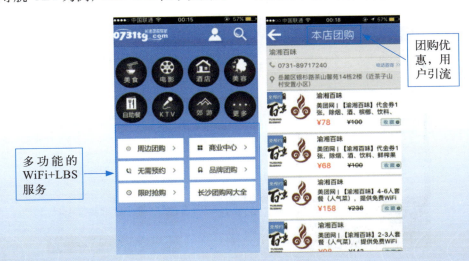

图 7-6　WiFi+LBS 个性化营销

LBS 技术的广泛应用，在改变企业营销的同时，也对消费者的消费习惯产生了影响。许多人在外出前，总会习惯性地先拿出手机查询目的地的优惠信息，或下载折扣券备用，或查看用户评价，如图 7-7 所示。

图 7-7　LBS 技术改变人们消费习惯

WiFi+LBS 营销与传统广告营销模式相比，不仅成本低，还更加便捷。在 WiFi+LBS 研发的 APP 应用中，用户可以设置个人偏好，及时获取适合自己的产品，如图 7-8 所示。

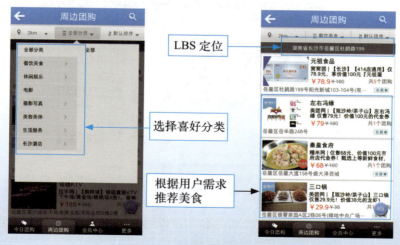

图 7-8　偏好设置智能推荐

总的来说，将 WiFi+LBS 模式应用于营销推广中，对于企业而言是十分有益的。LBS 管理平台积累了大量用户的行为与消费数据，为企业实行定向营销提供了决策支持。

移动互联网时代，WiFi+LBS 营销改变传统的营销模式势在必行。

7.2　如何实现 WiFi+LBS 精准营销

企业实现 WiFi+LBS 精准营销，主要依靠营销模式和营销技巧两部分，如图 7-9 所示。

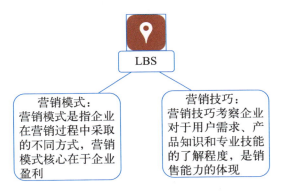

图 7-9　如何实现 WiFi+LBS 精准营销

7.2.1　营销模式，企业 WiFi+LBS 营销核心

结合 WiFi+LBS 实战营销案例，可将其营销模式分为三类，如图 7-10 所示。

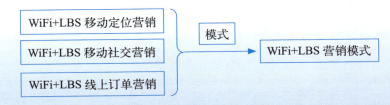

图 7-10　WiFi+LBS 营销模式

1．WiFi+LBS 移动定位营销

WiFi+LBS 移动定位，是指通过特定的 LBS 定位与 WiFi 无线网络技术为移动

手机用户提供实时定位服务。以"百度地图"APP移动定位功能为例，"百度地图"APP为手机端用户提供了城市交通路线查询，为城市居民出行提供了便利，如图7-11所示。

点击输入相关信息，WiFi+LBS 获取最佳交通线路

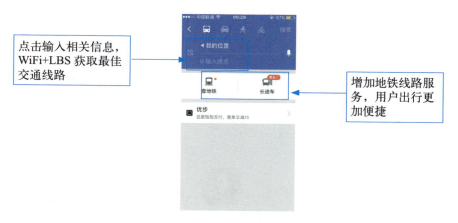

增加地铁线路服务，用户出行更加便捷

图 7-11　"百度地图"APP 移动定位营销

2．WiFi+LBS 移动社交营销

一般来说，WiFi+LBS 移动社交是指，使用社交 APP 客户端的用户以智能手机为载体，利用用户识别技术和信息识别技术，连接 WiFi，实现无线网络移动社交在线应用功能。

移动社交 APP 微信的"附近的人"功能，是一种基于 WiFi 无线网络和 LBS 技术构建的用户社交平台。商家利用这一平台，其内部系统自动向某一特定范围内用户发送优惠信息，通过定向广告投放和口碑传播，获取企业盈利。

● 用户下载微信客户端后，连接 WiFi，登录私人账号，点击底部的"发现"按钮进入新界面，点击"附近的人"选项，进入"附近的人"界面，点击"开始查看"按钮，如图7-12所示。

点击一键搜索

点击开始查看

图 7-12　微信移动社交营销 (1)

●执行操作后，弹出"提示"对话框，点击"确定"，进入"补充个人信息"界面，用户可以设置性别、地区以及个性签名，如图 7–13 所示。

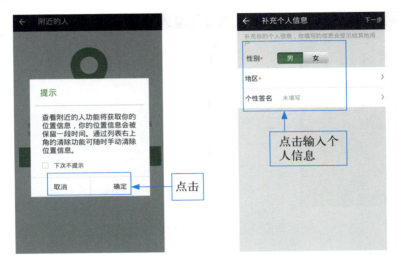

图 7–13　微信移动社交营销 (2)

●点击"地区"选项，进入"选择地区"界面，已连接 WiFi 的移动手机将通过 LBS 技术自动定位用户位置，点击该位置即可，返回"补充个人信息"界面，点击输入个性签名，此步骤十分关键，用户可以在这里推送自己想要推广的信息，如图 7–14 所示。

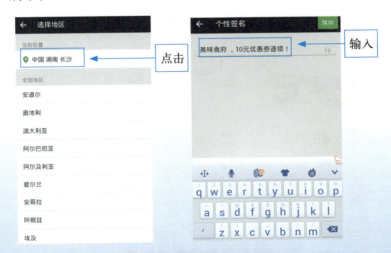

图 7–14　微信移动社交营销 (3)

● 依次点击"保存"和"下一步"按钮，微信开始查找附近的人。附近其他用户进入"附近的人"界面即可看到你，如图 7-15 所示。

图 7-15　微信移动社交营销 (4)

3. WiFi+LBS 线上订单营销

随着 WiFi+LBS 营销模式的深入应用，LBS 逐渐成为助力企业线上营销的渠道和手段。过去用户只能通过各式各样的广告推广接触到自己喜爱的产品，但在移动互联网时代，只需拿出手机连接 WiFi，即可搜索到需要的产品，同时还能找到关联销售渠道，这就是 WiFi+LBS 营销模式带来的便利。

"QQ 美食"APP 的营销模式，是腾讯企业实现 WiFi+LBS 与线上营销模式的整合，如图 7-16 所示。

图 7-16　QQ 美食实现 WiFi+LBS 线上订单营销

用户可以利用"QQ 美食"APP，通过移动手机等具备 WiFi 网络连接功能的智能设备，实现附近服务地点位置定位，这就是 LBS 技术在"QQ 美食"中的深入应用，如图 7-17 所示。

图 7-17　"QQ 美食"APP 中的 LBS 技术应用

综上所述，WiFi+LBS 联合营销，能够为用户提供最为准确的定位信息，能够最大化实现企业用户引流，扩展用户群，深化商家与消费者之间的互动。

7.2.2　营销技巧，企业 WiFi+LBS 营销战略

创新营销，是企业区别于其他同行业品牌的关键，是实现精准营销的技巧。"美团"APP 团购业务，利用 WiFi+LBS 营销实现了 O2O 创新营销，如图 7-18 所示。

图 7-18　美团 WiFi+LBS 营销

以 APP 用户流量为参考，不难看出"美团外卖"一直都在引流 O2O 外卖领

域发展，在与同行业其他品牌竞争中，拥有绝对优势。"美团"APP 是利用哪些过人之处实现精准营销呢？如图 7-19 所示为"美团"WiFi+LBS 营销优势。

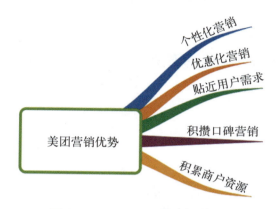

图 7-19　"美团"APP 营销优势

现阶段，市面上许多可供用户下载的房产类 APP，纷纷通过 WiFi+LBS 技术联合，实现精准营销。以"安居客"房产 APP 为例，作为专业性和全面性都十分强大的购房平台，安居客的房源和客源遍及全国各地。

基于 WiFi+LBS 研发的"安居客"APP 应用，其人性化的房源搜索与地理位置定位功能，能够帮助企业实现线上快速营销，如图 7-20 所示。

图 7-20　安居客 WiFi+LBS 营销

结合安居客与同行业其他品牌营销模式、营销现状与企业发展的比较分析，其具备以下优势，如图 7-21 所示。

图 7-21　安居客精准营销优势

💡 **专家提醒**

　　点击租房界面，用户还能够通过 WiFi+LBS 定位服务快速查看附近房源，如图 7-22 所示。

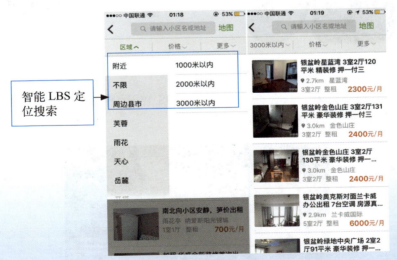

图 7-22　安居客 LBS 定位服务

7.3　无处不在的 WiFi+LBS 营销案例

　　无处不在的 WiFi+LBS 营销，为企业盈利创造了机遇，同时也带来了挑战。下面结合各大品牌的 WiFi+LBS 营销实例，分析 WiFi 与 LBS 产业发展。

7.3.1　Nike+Apple 的便携式 LBS 设备

　　作为全球最大的运动品牌之一，Nike 公司一直以生产舒适、高质量的运动产品为主。近几年，Nike 还在智能可穿戴设备产业不断进行尝试，先后推出可穿戴运动手环，Nike+ 系列产品，如图 7–23 所示。

图 7–23　Nike 旗下智能设备

　　由 Nike 与苹果公司联合推出的 WiFi+LBS 智能增值服务，Nike+iPod 的推出吸引了人们的视线，如图 7–24 所示。

图 7–24　Nike+iPod

用户在使用 Nike+iPod 时，需要将 Nike+ 设备放入 Nike 鞋中，并通过 WiFi 实现 Nike+ 设备与 iPod 产品的网络连接，当用户穿上 Nike 鞋后，LBS 定位技术将发挥作用，如图 7–25 所示。

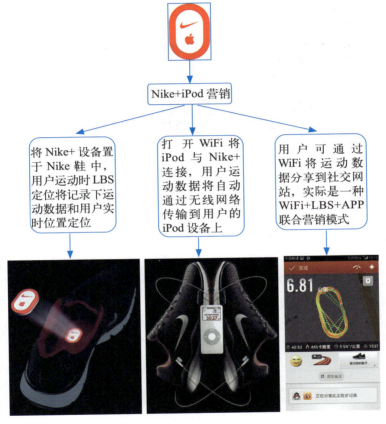

图 7–25　Apple Nike+iPod 的 WiFi+LBS 营销

💡 **专家提醒**

　　无论是 Apple 还是 Nike，都是知名度十分高的品牌，它们的联合营销必然会引起市场轰动，Apple 和 Nike 就是抓住这一机遇，开展联合营销，首先发布合作消息，实现用户引流，其次通过两家公司智能技术与设备的碰撞，为消费者提供了一款综合性的 WiFi+LBS 智能产品，最后通过广告宣传、市场推广、品牌竞争以及口碑影响，实现精准的联合式营销。

一本书读懂 WiFi 营销

7.3.2　开心网移动端，缔造 LBS 口碑营销

开心网是一个以白领级用户群体为主的综合性社交网络平台，在开心网平台上，企业可以通过产品植入的方式，实现品牌营销推广，如图 7-26 所示。

图 7-26　开心网企业产品植入营销

WiFi+LBS 营销应用，体现在开心网的"签到"功能服务上，用户通过 WiFi 网络连接，可实现与线上朋友之间的位置分享，当用户迷路时，帮助其迅速找到同伴。开心网 WiFi+LBS 功能操作应用如下。

● 用户在下载"开心网"APP 后，连接 WiFi 进入 APP 首页，在"开心网"APP 主界面点击中间的"×"，弹出功能菜单，点击"发位置"，如图 7-27 所示。

● 执行操作后，进入"附近"界面，选择你所在的位置，如图 7-28 所示。

图 7-27　开心网 LBS 定位 (1)　　**图 7-28　开心网 LBS 定位 (2)**

● 选择所在地后，界面跳转到"签到"界面，用户可以留言、设置浏览权限、上传照片，并点击发表，如图 7-29 所示。

● 执行操作后，即可完成签到操作，在"附近的人"界面，其他好友便可以查看你的位置，如图 7-30 所示。

图 7-29　LBS 签到

图 7-30　LBS 定位

开心网的 WiFi+LBS 营销重点是，利用 LBS 定位拉近用户与用户之间的距离，增加用户黏性，利于品牌实现口碑营销，如图 7-31 所示。

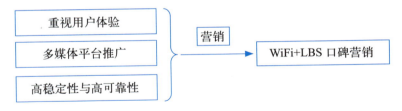

图 7-31　WiFi+LBS 口碑营销

专家提醒

移动互联网时代，消费者提升品牌认知的渠道和方式不只是多媒体和广告平台，WiFi+LBS 口碑推广不仅是用户提升企业认知的通道，还是企业实现精准营销的手段。这种直观的品牌推广方式，真实性更高，必然成为未来企业营销推广的重点和难点。

用户大数据是企业实现精准营销的前提基础、渠道和方式，完善、有效的用户行为数据，能够为企业盈利带来不可多得的机遇。

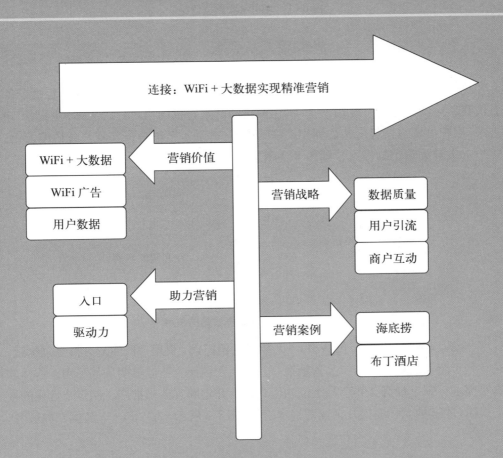

8.1 大数据提升 WiFi 营销价值

将大数据与 WiFi 联合，能够为企业 WiFi 营销提供海量用户数据，有利于提升企业 WiFi 营销价值，如图 8-1 所示。

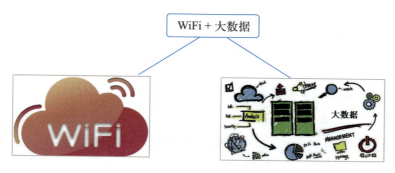

图 8-1　WiFi + 大数据营销

8.1.1　什么是 WiFi+ 大数据营销

总的来说，WiFi + 大数据营销，就是指与 WiFi 相关联的所有企业，包括设备提供商、运营商和所有开拓 WiFi 营销模式的商家，根据用户行为数据来判断用户需求、用户消费习惯等与其盈利相关联的因素，并通过数据分析实现自身精准营销。WiFi + 大数据营销的作用，如图 8-2 所示。

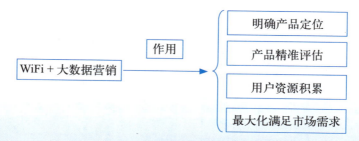

图 8-2　WiFi + 大数据营销的作用

移动互联网时代背景下，WiFi + 大数据营销模式，将用户群体划分得更加细致，这有利于企业实现定向的产品营销推广。定向营销使企业能够明确每一用户群体的真实需求，锁定最符合其产品定位的用户，展开定向宣传与推广，制定个性化的推广战略，能够最大限度提升企业营销水平。如图 8-3 所示，为 WiFi + 大数据定向服务。

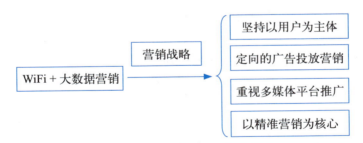

图 8-3　WiFi + 大数据定向服务

8.1.2　大数据助力 WiFi 广告营销

WiFi + 大数据营销时代为企业提供了更加优质、更加精准的广告推广平台，企业在实施 WiFi 营销方案过程中，可完成自主的产品广告制作与推广，自主参与这一模式，很大程度提升了企业精准营销概率。WiFi + 大数据营销战略，如图 8-4 所示。

图 8-4　WiFi + 大数据营销战略

与传统的多媒体品牌营销和广告宣传单营销不同，WiFi + 大数据广告营销更加重视用户感受，通过不定时的广告推送，在潜移默化中加深用户对其产品的印象，久而久之产品信息会停留在用户脑海中。

企业在实施 WiFi + 大数据营销时，可以在后台系统中进行自动化设置，广告信息设置完毕，系统会自动向所有使用该企业 WiFi 的用户推送相对应的产品广告，从而实现大数据 WiFi 广告营销，如图 8-5 所示。

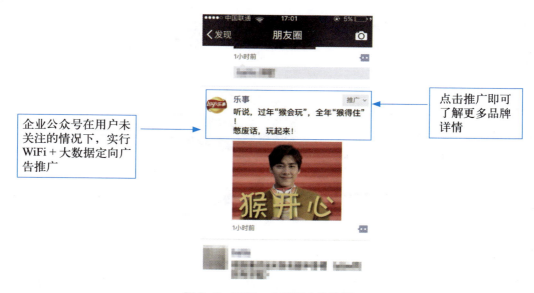

企业公众号在用户未关注的情况下，实行 WiFi + 大数据定向广告推广

点击推广即可了解更多品牌详情

图 8-5　WiFi + 大数据广告营销

WiFi + 大数据的广告定向投放，是突破企业与消费者之间屏障，拉近彼此距离的最佳手段。

小米 WiFi 放大器的推广，就是典型的 WiFi + 大数据营销模式。小米通过对市场消费者的数据调查与分析，得知大部分消费者都遇到了 WiFi 信号微弱且不稳定的问题，为此研发了一款智能型的 WiFi 信号放大器，如图 8-6 所示。

图 8-6　小米 WiFi 放大器

小米 WiFi 放大器之所以如此受欢迎，正是因为大数据的作用。小米根据用户大数据分析结果，研发了一款市面上缺失，又是用户需求量最大的智能产品，实现 WiFi + 大数据精准营销。

WiFi + 大数据这种营销模式，在实现精准营销的同时，也在不知不觉中为企业积攒了大量的用户基础。企业通过后台设置实现广告推送，当消费者通过 WiFi 登录第三方网络平台后，自动成为企业粉丝，企业后台系统也会将所有信息推送给用户。

专家提醒

　　WiFi 在企业营销中提供了多种网络接入方式，当用户连接商家无线网络时，系统会自动将用户归于企业粉丝一栏，这是企业利用手机认证实现的一种 WiFi 营销模式。

8.1.3　WiFi 用户数据收集，实现精准营销

大数据是移动互联网时代企业实现精准营销的关键所在，结合 WiFi 技术联合营销，企业可以实现对消费者大数据的收集、处理、分析以及定向广告推广，特别是对于一些商用 WiFi 而言，意义更是重大。

例如，当消费者进入某一商圈活动时，搜索附近 WiFi 并完成连接后，商圈系统后台会根据该用户的搜索数据展开定向广告推送，真正做到用户需要什么，企业就推广什么，如图 8-7 所示。

图 8-7　WiFi 用户数据营销

在 WiFi + 大数据营销中，企业主要通过以下 4 种用户数据实现精准营销。

1. 用户登录数据

用户登录数据一般产生于用户输入手机号、验证码或注册、激活过程中，企业系统后台会根据用户登录行为，实现用户位置记录、手机号收集。

2. 用户搜索数据

用户搜索数据主要是指，用户在利用商用 WiFi 过程中，使用搜索引擎的情况记录，企业系统后台可以清楚了解到用户搜索了哪些内容，并按照用户需求实现定向广告推送。

3. 用户频率数据

用户频率数据收集是在前两项数据基础上分析得出的，利于企业定向投放广告信息。

4. 用户订单数据

用户订单数据是指用户完成线上付款的实际交易数据，对于企业而言，订单数据实际上就是一种直观反映企业盈利的数据结果。

8.2　大数据为 WiFi 精准营销提供战略支持

所有的联合营销模式都是相互扶持、彼此需要的，WiFi＋大数据营销也不例外。大数据为 WiFi 精准营销提供的战略支持，如图 8-8 所示。

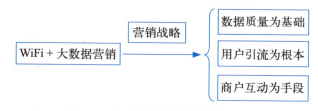

图 8-8　WiFi＋大数据营销战略

8.2.1　数据质量为基础

WiFi＋大数据营销中的质量问题不是企业产品质量，而是 WiFi 数据质量，包括数据实用性与相关性特征。企业只有在此基础上开展 WiFi＋大数据营销，才能保障产品广告推送达到良好的效果。

数据质量的保障，能够对 WiFi＋大数据营销产生十分重要的影响，具体表现在以下几个方面。

1．企业

对于企业而言，WiFi＋大数据营销是实现精准营销最直接的渠道，大数据将用户感受、用户需求做了直观的展示，用户是市场的主体，这些数据能够很大程度提升企业盈利水平与品牌知名度。

2．广告商

广告商实现 WiFi＋大数据营销，只需将广告变为用户连接 WiFi 的唯一渠道，即可实现盈利。

3．运营商

运营商降低 WiFi 连入门槛，是增加用户流量的最佳手段。

总的来说，在 WiFi＋大数据营销中，数据是最为基础的，也是核心组成部分，在其中发挥着关键性作用。只有企业、运营商和广告商三者相结合，构建互惠互利的联合营销模式，才能实现 WiFi＋大数据精准营销。

8.2.2　用户引流为根本

对于 WiFi＋大数据营销而言，都是通过线上的交易实现企业营销，在这一过程中企业要想办法，将线下的服务引入线上的营销平台，从根本上实现移动互联网时代下的移动端用户引流。

2015 年 11 月 11 日，淘宝再次开展双十一回馈活动，短时间内聚集了大量的用户群体，为了抢到最便宜的商品，许多消费者甚至一晚上不睡觉。经过大家的共同努力和付出，淘宝双十一当天的交易额为 912.17 亿元，如图 8-9 所示。

由图 8-9 可知，2015 年天猫双十一无线交易额占比 68.67%，由此可见 WiFi 的需求量是巨大的。

移动互联网时代，企业想要实现用户引流，需要了解用户真正需要的是什么。如图 8-10 所示，为 WiFi＋大数据营销的用户引流策略。

图 8-9　2015 年天猫双十一交易汇总

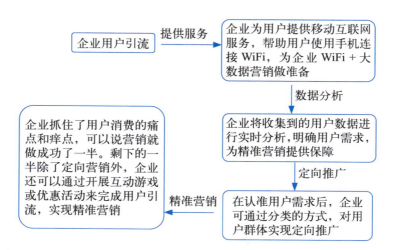

图 8-10　WiFi + 大数据营销的用户引流策略

8.2.3　商户互动为手段

图 8-11　滴滴打车互动营销策略

企业在 WiFi + 大数据初步发展阶段，既需要重视硬件设备配置，还需要通过一些互动实现用户引流，为收集用户数据创造条件。

例如，滴滴打车推出的扫描二维码免单活动，如图 8-11 所示。

8.3　大数据或将成为助力 WiFi 营销主要动力

大数据助力企业 WiFi 营销，主要体现在两方面，如图 8–12 所示。

WiFi+ 大数据

大数据抢占商用 WiFi 入口：这里的入口是指用户流量入口，无论是二维码还是 APP，都是在大数据基础上实现与 WiFi 的联合营销，因此大数据对于营销企业而言十分可贵

大数据成为移动互联网时代发展的驱动力：大数据的出现，为许多企业盈利起到了推波助澜的作用，根据当前大数据以及 WiFi 产业发展现状，它们的联合必将成为助推移动互联网发展的重要驱动力

图 8–12　大数据助力企业 WiFi 营销

8.3.1　大数据抢占商用 WiFi 入口

　　商用 WiFi 是 WiFi 产业营销主体，企业收集用户数据并进行处理与分析，提取有效的用户信息，开展针对性的营销，届时企业也可享受到由大数据带来的 WiFi 营销成果。

　　无论是迈外迪的广告运营，还是潮 WiFi 的用户引流营销模式，都在向人们传递大数据的重要性。

　　迈外迪网络科技有限公司创立于 2007 年，发展至今成为我国首屈一指的商用 WiFi 供应商。迈外迪从成立以来，一直致力于为用户提供全面的 WiFi 移动网络，已为多家企业和社区提供了完善的解决方案，为人们生活提供了便捷式服务，如图 8–13 所示。

图 8-13　迈外迪 WiFi 营销

专家提醒

迈外迪企业 WiFi 营销展现了其高度的互动性特征，在此基础上开通 LBS 定位服务，通过用户行为数据，不仅能够实现最大化的用户引流，还能快速提升企业转化率。

由于迈外迪公司热电覆盖率很高，因此实现精准营销的机会也就更大，如图 8-14 所示。

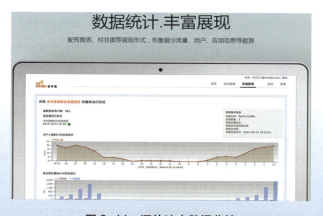

图 8-14　迈外迪大数据营销

8.3.2　大数据成为移动互联网时代发展的驱动力

移动互联网时代背景下，WiFi + 大数据的联合营销，必定为企业带来新一轮的盈利狂潮，大数据也会成为影响移动互联网时代发展的因素之一。基于移动互联网背景下的 WiFi + 大数据营销趋势，主要表现在以下几个方面。

1．多个领域和谐发展

随着大数据在 WiFi 产业的深入发展与应用，许多提供商用 WiFi 的企业逐渐改变原有的商业模式或在此基础上加以改善，从而最大限度提升企业精准营销和定向营销。

WiFi 作为移动互联网时代重要的流量入口，能够全方位记录用户的行为数据，如图 8–15 所示。

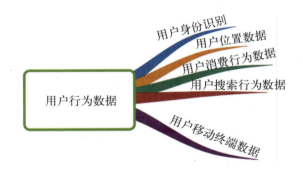

图 8–15　用户行为数据

对于企业而言，全面掌握消费者 WiFi 数据，是直接获取其消费行为与消费习惯的最佳方式。如图 8–16 所示为 WiFi 数据的重要性。

图 8–16　WiFi 数据的重要性

WiFi＋大数据营销，除了能够实现企业精准营销，凸显数据价值，还能够实现多领域和谐发展，如图 8-17 所示。

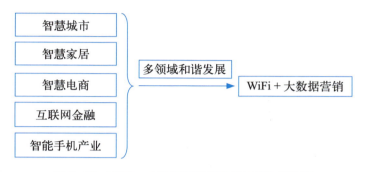

图 8-17　WiFi＋大数据营销实现多领域和谐发展

总的来说，在移动互联网时代背景下，企业通过 WiFi＋大数据实现精准营销的应用发展空间十分广阔。

2．共同分享劳动成果

共同分享劳动成果，这里的成果就是指"企业盈利"，人们称之为"共享经济"。"共享经济"与大数据有着密不可分的关系，有利于企业通过用户行为数据实现精准营销。

以"WiFi 万能钥匙"APP 推出的共享热点线上线下精准推送战略为例，企业为用户构建了真实的 WiFi 热点应用场景，有利于提升用户流量转化，如图 8-18 所示。

图 8-18　WiFi 万能钥匙

8.4　无处不在的 WiFi + 大数据营销案例

在移动互联网时代，WiFi + 大数据应用越来越广泛，已实现了与多个产业、多家企业的融合。下面通过分析 WiFi + 大数据的实战营销案例，结合企业营销特色，详细解析大数据与 WiFi 技术的联合营销。

8.4.1　海底捞，个性化大数据营销

海底捞是一家主打川味的老字号连锁火锅店。企业坚持"用户体验至上"的原则，竭尽全力为用户提供最全面、最优质的服务，如图 8-19 所示。

图 8-19　海底捞餐饮

一直以来，海底捞都走在同行业的前列，是引导者也是潜力股。与其他餐厅一样，海底捞也通过移动设备实现了精准营销，如图 8-20 所示。

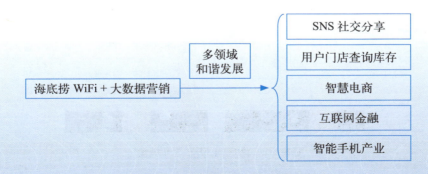

图 8-20　海底捞 WiFi + 大数据营销

141

用户只需下载一个"海底捞"APP软件，即可实现线上订餐，如图 8-21 所示。

图 8-21　海底捞 APP

 专家提醒

　　海底捞还在 APP 功能栏中加入了"Hi 地盘"，便于用户互相分享餐厅美食，如图 8-22 所示。

图 8-22　海底捞 APP "Hi 地盘"

8.4.2　布丁酒店，公众号营销

2012 年，布丁酒店微信客户端正式上线，用户可以直接在微信客户端预订房间，如图 8–23 所示。

酒店查询、房间预订与退订等服务

图 8–23　布丁酒店微信客户端

布丁酒店利用这一新兴营销渠道，引入了海量用户，积攒了用户资源，通过收集用户大数据，分析其消费行为与习惯，推出符合用户需求的产品与营销方案，实现企业精准营销。

专家提醒

从布丁酒店微信线上营销方案实施以来，企业注册的酒店用户已超过 50 万个，平均每日订单都在 200~300 单不等，创下同行业历史新高。由此表明，企业以 WiFi+ 大数据为载体，实现精准营销是十分有益的。

机遇：
WiFi+O2O 实现精准营销

第 9 章

WiFi+O2O 营销模式是企业实现精准营销的最常见手段之一，对企业线上线下联合营销能够起到积极的促进作用。

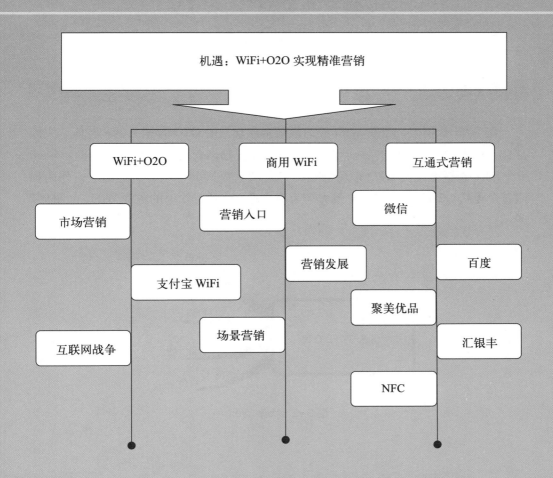

9.1 WiFi 营销，开启 O2O 世界大门

WiFi 市场营销，开启了 O2O 线上线下服务新纪元。在移动互联迅猛发展的今天，O2O 商户都希望借此机会，利用这一新兴渠道，打开企业营销新篇章，如图 9–1 所示。

图 9–1　O2O

9.1.1　WiFi 助力线上线下市场营销

在 WiFi 营销中，免费 WiFi 成为最受企业欢迎的 O2O 营销工具和载体，它涉及企业线上线下服务中的每一环节，为企业实现精准营销提供了重要保障。

响应智慧城市与 O2O 市场号召，"大米免费 WiFi"项目应运而生，作为国内首个无线 O2O 营销平台，它致力于为用户提供优质且快速的免费 WiFi，如图 9–2 所示。

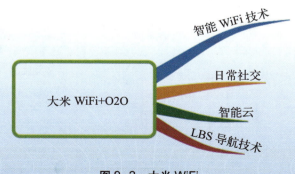

图 9–2　大米 WiFi

专家提醒

　　大米通过构建免费 WiFi 平台，为用户提供了综合性的娱乐生活服务，将政府、企业和用户聚合，实现了多方位联合，为人们日常工作和生活带来了便利。如图 9-3 所示为大米免费 WiFi 平台服务。

图 9-3　大米免费 WiFi 平台服务

9.1.2　支付宝 WiFi 为线下商户提供营销渠道

　　支付宝线下免费 WiFi 项目，将店铺、商户和用户连接，通过联合营销借助商户场地吸引用户连接支付宝免费 WiFi，并通过 WiFi 广告等形式实现产品营销与推广，如图 9-4 所示。

图 9-4　支付宝线下免费 WiFi 应用场景

147

支付宝免费 WiFi 具体连接步骤，如下所示。

● 当消费者路过或进入支付宝 WiFi 覆盖区域时，支付宝钱包系统将自动为用户推送旗下免费 WiFi，提醒用户连接，如图 9–5 所示。

图 9–5 发现支付宝 WiFi，实现连接

● 用户通过支付宝直接连接支付宝 WiFi，用户点击系统通知后，支付宝钱包自动为用户搜索附近商户的免费 WiFi 网络，点击连接此网络，即可免费试用商家所提供的 WiFi，无须再输入 WiFi 密码。

● 用户成功连接商户 WiFi 后，连接页面自动显示商户广告，畅销产品、优惠活动、品牌店铺、微博、公众号，等等，是一种 WiFi+APP+O2O 的全新营销模式，如图 9–6 所示。

图 9–6 布丁酒店通过支付宝 WiFi 实现精准营销

在支付宝免费 WiFi 环境下，企业可通过两种方式实现精准营销。如图 9–7 所示为企业使用支付宝 WiFi 实现精准营销的方式。

支付宝 WiFi 营销

分享设备：
企业在不更换原有的
WiFi 设备的情况下，实
现与支付宝平台的信息
共享与对接

采购设备：
企业通过采购内嵌支付
宝服务器设备，实现用
户引流与精准营销

图 9-7　企业使用支付宝 WiFi 实现精准营销的方式

9.1.3　WiFi+O2O 使互联网产业战争一触即发

在移动互联网时代，WiFi 产业迅猛发展，似乎移动互联网产业巨头将在
WiFi 领域一决高下。以美团、支付宝为首的互联网巨头都渴望引领未来 WiFi 发
展，成为同行中的佼佼者。小米也宣布正式加入 WiFi+O2O 战争，势必一举拿下
WiFi+O2O 营销。

小米集团与 WiFi 产业引领者迈外迪，联合推出一款免费 WiFi，帮助用户在
公共环境下无须密码就可实现网络连接，如图 9-8 所示。

图 9-8　小米 & 迈外迪免费 WiFi

迈外迪一直以来引领商用 WiFi 发展，是 WiFi 产业的领先品牌，而小米发挥

了其优势，记录了全国 200 多个 WiFi 信息数据，大到大型商场，小到私人商户。

2014 年，腾讯正式发布旗下免费 WiFi，携手包括星巴克、万达广场在内的国内外多家商户，在全国展开免费 WiFi 布局，如图 9-9 所示。

图 9-9　腾讯免费 WiFi

9.2　商用 WiFi，借助 O2O 风生水起

WiFi+O2O 营销，企业借助免费商用 WiFi，构建集休闲娱乐、生活服务、线上线下购物为一体的多功能服务平台，从而创建一种全新的商用 WiFi 营销模式，如图 9-10 所示。

图 9-10　商用 WiFi 营销新模式

9.2.1　商用 WiFi 晋升 O2O 营销入口

移动互联网环境下，商用 WiFi 已逐渐晋升为 O2O 企业乃至其他相关产业实现精准营销的最佳入口，是企业实现用户引流的重要桥梁。O2O 模式下的商用 WiFi 营销，就是实现企业与消费者之间的无线互联，如图 9-11 所示。

图 9-11　商用 WiFi 的作用

用户流量是企业探讨营销战略、分析营销前景的关键因素。研究表明，用户流量入口现已成为移动互联网产业的核心竞争力，特别是随着智能手机的大范围普及与应用，WiFi 已成为最有价值的移动流量。

因此，企业利用商用 WiFi 定制多种营销线路和营销策略是十分可取的，商用 WiFi 也必然成为助力企业发展的核心。

9.2.2　商用 WiFi 推动 O2O 产业茁壮成长

2013 年，O2O 产业迅猛发展，至今已实现与多个行业的联合营销，O2O 在各个领域百花齐放。随着 O2O 产业的迅速崛起，许多互联网产业纷纷将目光投向 O2O 市场，先后开发出包括地图导航、电商管理平台在内的一系列与互联网和移动互联网相关联的服务。

一定程度上，O2O 领域的发展为移动互联网产业布局起到了推波助澜的作用。而商用 WiFi 作为 WiFi 产业中的新秀，对于企业营销的价值陆续彰显，最大化贴近用户需求的特征，吸引大量企业纷纷展开投资。

移动互联网发展进程中，商用 WiFi 的加入，为 O2O 产业发展构建了新的营销理念、营销模式与发展方向。商用 WiFi+O2O 企业营销价值，如图 9-12 所示。

图 9-12 商业 WiFi+O2O 企业营销价值

9.2.3 场景营销，WiFi+O2O 线下营销核心

企业场景营销，实际上也是一种广告营销模式，通过定向广告投放，提升企业营销效率，优化营销路线，保障营销效果。企业实行场景营销的优势，如图 9-13 所示。

图 9-13 企业场景营销的优势

场景营销的本质，就是将品牌营销理念作为引导，面向消费者推广其产品和品牌价值，从而留住用户，刺激消费者购买欲望。企业场景营销核心，如图 9-14 所示。

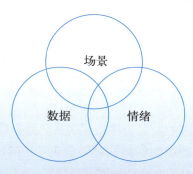

图 9-14 企业场景营销核心

企业开展 WiFi 场景营销时，务必遵循以上原则，在考虑消费者情绪的同时，也要注重对用户行为数据的收集。

例如，微信红包的银行卡绑定，企业为了保障自身利益，很大程度限制了用户微信红包的使用场景，这使得少部分用户不得不取消银行卡绑定。这种营销方式，极有可能对微信用户造成负面影响，对企业而言，也有降低用户流量的可能和不便之处。

对于企业而言，场景营销的最主要目的是提升用户感受，并以此带动消费。在 WiFi 场景营销模式中，移动互联网企业对于节假日的场景营销十分注重，例如，手机淘宝双十一和双十二的优惠活动，如图 9-15 所示。

图 9-15　手机淘宝的节假日场景营销

手机淘宝利用场景营销，成功吸引用户流量，增加了用户黏性，刺激了消费，实现了精准营销，交易额升至 2045 亿元，如图 9-16 所示。

图 9-16　2015 年淘宝双十一总订单数

从传统的互联网时代发展为当前的移动互联网时代，从线下营销发展为WiFi+O2O 线上线下联合，WiFi 技术的演变和产业的发展，很大程度改变了我们的日常工作与生活。

WiFi+O2O 场景营销模式，为企业精准营销提供了强大的解决方案，是一种程序化的场景营销类型，能够稳固企业营销路线与营销方向。

9.3　WiFi+O2O实现线上线下互通式营销

用户流量是企业营销，同时也是企业可持续发展的命脉，为了积累更多的用户资源，如何留住用户，如何实现精准营销，成为影响企业发展的决定性因素。

WiFi+O2O 营销模式的推出，与多数企业可持续发展与精准营销理念不谋而合，一时间迅速成为企业实现用户引流的渠道和手段。一方面，企业进行全方位的品牌推广，在多媒体网络平台进行大范围推广，另一方面，WiFi+O2O 这一全新的营销模式，能够很大程度降低企业营销成本。

9.3.1　微信连 WiFi

微信手机端发布以来，腾讯一直致力于微信平台的功能创新，并且新加入了一个名为"微信连 WiFi"的功能插件。企业想要在微信平台中实现 WiFi 营销，只需利用其公司品牌和名称注册一个官方的企业公众号，并获得微信的官方认证即可。如图 9–17 所示为"微信连 WiFi"插件的基本功能。

图 9–17　"微信连 WiFi"插件的基本功能

154

所有通过"微信连 WiFi"功能注册开通的企业官方 WiFi，在用户连接企业 WiFi 时，无须再输入 WiFi 密码，只要通过二维码扫描等方式即可实现连接，如图 9-18 所示。

图 9-18　微信二维码扫描

专家提醒

　　"微信连 WiFi"企业后台系统为商户提供了多元化、个性化的主页模板，商户可根据需要进行自定义设置。同时，企业开通"微信连 WiFi"功能后，为用户提供了线上支付和电子优惠券服务。

9.3.2　百度 WiFi+O2O 营销

WiFi+O2O 营销模式，已经成为移动互联网时代必不可少的企业盈利手段。近几年，许多互联网巨头纷纷加入这场流量入口争夺战，包括阿里巴巴、百度、小米在内的电商巨头都在寻求最适合自己的 WiFi+O2O 营销道路。

百度通过制定详细的 O2O 发展战略，彻底开启了百度 WiFi+O2O 营销模式，如图 9-19 所示。

图 9-19　百度 WiFi+O2O 营销

1．百度外卖

百度外卖手机 APP 是一款专供于外卖服务的管理平台，平台中涵盖成百上千家优质的提供外卖服务的商户。他们为那些不会做饭、不爱出门的年轻群体提供了便利。

2015 年，百度官方宣布将投入大量的人力物力制定百度外卖方案，致力于将百度外卖打造成 O2O 领域的先行者和主导者，如图 9-20 所示。

图 9-20　百度外卖 APP

百度外卖基于 WiFi+O2O 营销模式，主要从以下 3 方面实现企业精准营销。

1) 改善市场环境

移动互联网时代，WiFi+O2O 市场营销领域尚未发展成熟，营销环境直接影响企业营销效率。因此，制定 O2O 市场营销策略和形式是十分必要的。

2) 增强用户认知

移动互联网时代，WiFi+O2O 市场营销领域许多企业尚处于初步发展阶段，用户对于包括手机百度在内的一系列 O2O 产品的认知也很缺乏，这对企业精准营销来说是十分不利的。

3) 降低贴补费用

企业只有降低贴补资金，才能从根本上迎合消费者的真实需求。

2. 百度地图

百度地图是百度旗下专供位置定位、位置导航、实时路况功能的手机 APP 软件，如图 9-21 所示。

百度地图附近功能为用户搜索附近美食

图 9-21　百度地图手机 APP

💡 **专家提醒**

　　百度地图中的"附近"功能，能够通过 LBS 定位为用户搜索附近美食、电影院、购物中心等，通过自动定位服务将商家所有信息呈现在用户手机上，实现商家用户引流。

百度地图定位与路线搜索服务，广泛覆盖于全国 400 多个城市、区县，甚至城市街道、小区等其他配套设施都能进行精准定位，功能十分完善。在百度地图上，我们可以看到百度集团对开发 WiFi+O2O 营销模式的决心。

百度地图 O2O 布局，主要表现在以下几方面。

1) WiFi+O2O 线上营销

企业 WiFi+O2O 模式线上营销，最终目的是实现用户引流，从而为企业线下营销创造条件。

百度地图免费对外开放，吸引了无数用户下载其官方手机 APP，在短时间内企业用户资源迅速增长。随后，百度地图还吸引了众多平台提供商加入，再次提升了用户资源，这不仅仅是用户资源，还有线上平台商户资源的积累。

目前，百度地图手机端已聚集海量数据，除了用户数据之外，还包括线上商户行为数据以及服务数据等，逐渐建设成为移动互联网时代最受用户追捧的生活服务热点入口之一。

百度地图还于 2013 年实现了滴滴打车的联合在线营销，如图 9-22 所示。

图 9-22　百度地图与滴滴打车联合营销

总的来说，百度地图致力于达到的 WiFi+O2O 营销模式已经取得很大的成功，在实现用户引流基础上，树立了品牌形象，提升了企业地位。

2) WiFi+O2O 线下营销

百度地图线下 WiFi+O2O 营销，企业主要通过团购服务获得用户流量，赚取盈利。当百度地图与企业团购服务形成联合营销模式时，消费者可以直接通过百度地图获得商家地理信息，选择离自己较近的商家购物。

3. 百度钱包

百度为了强占移动互联网入口，推出"手机钱包"APP 并宣布加入移动支付军团。百度钱包的强势推出，吸引了广大"百度迷"的积极响应，为了进一步实现新旧用户引流，百度钱包陆续推出多种形式的优惠活动，同时还在软硬件设备技术方面有所提升，如图 9-23 所示。

图 9-23　百度钱包

百度钱包通过全面介入用户日常生活，实现用户引流与精准营销。在移动支付界面，增加生活缴费、WiFi 连接付款、转账、话费充值等功能，让用户足不出户就可办理。百度钱包希望借助这种全方位服务，全面打通 WiFi+O2O 营销模式。如图 9-24 所示为百度钱包移动端功能。

图 9-24　百度钱包移动端功能

专家提醒

　　"拍照付"功能是一种随拍随付的营销模式，将自动识别技术应用于 APP 中得以实现，是继"二维码扫描"后又一个移动互联网时代新兴技术。将该功能应用于"手机钱包"APP 中，可以最大限度提升用户消费感受，提升支付效率。

9.3.3　聚美优品缔造 O2O 行业标杆

　　随着移动互联网深入渗透，WiFi+O2O 营销模式在电商企业中的受欢迎程度已经超过人们想象。在这一热门趋势下，互联网巨头各展所能，致力于抢占用户流量第一入口。

　　2010 年，聚美优品正式成立，聚美优品的推出标志着我国第一家大型限时特卖商城得以实现，如图 9–25 所示。

图 9–25　聚美优品在线商城

　　聚美优品专供于女士化妆品的销售，而 O2O 对于化妆品而言，似乎是企业营销的必然趋势。聚美优品于 2013 年正式推出旗下首个线下商店，正式开通线下服务，致力于为消费者提供全面的专业服务，实现面对面、一对一营销。如图 9–26 所示为聚美优品线下实体店。

　　聚美优品实体店的推出，吸引了大量用户资源，为消费者提供了更加直观的消费感受，由此可见，聚美优品这种 O2O 线上线下营销模式是可行的。

图 9-26　聚美优品实体店

聚美优品的线上 WiFi+O2O 营销与线下 O2O 营销模式，满足了不同消费群体的不同需求，多元化和全方位的服务对于消费者而言是一种全新的体验。特别是对于一些不喜欢网购或不熟悉网购的人群，实体店的成立是极其方便的。

9.3.4　汇银丰 WiFi+O2O 构建移动支付平台

汇银丰银行大力开发旗下"汇贝生活"O2O 营销管理系统，以此打通企业 O2O 线上线下闭环，从而构建集移动支付和 WiFi+O2O 营销模式于一体的企业营销平台。如图 9-27 所示为"汇贝生活"APP。

图 9-27　汇银丰"汇贝生活"APP

在"汇贝生活"APP 中，企业以手机端用户为主导，实现 WiFi 移动支付，享受移动支付打折、购物返券、优惠积分等服务，如图 9–28 所示。

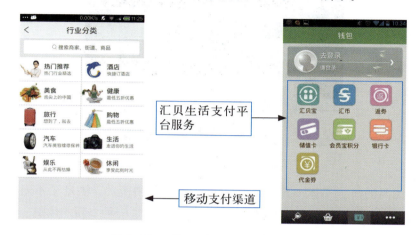

图 9–28　"汇贝生活"APP 移动支付

移动互联网时代，WiFi 技术、智能产业的迅猛发展，一定程度推动了 O2O 营销模式走向成熟，移动支付是进一步促进企业 O2O 营销的关键手段，它可以助力企业快速实现精准营销目标。

9.3.5　WiFi+O2O 营销与 NFC

NFC 是近距离无线通信技术，是在 RFID 无线射频识别技术基础上的延伸，如图 9–29 所示。

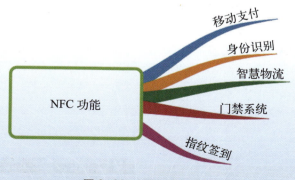

图 9–29　NFC 服务功能

WiFi+O2O+NFC 模式已成为移动互联网时代最受消费者喜爱的移动支付手段之一。无论是在交通运输领域还是在日常购物领域，NFC 支付功能都应用得如鱼得水，如图 9–30 和图 9–31 所示。

图 9–30　NFC 门禁安防功能

图 9–31　NFC 移动支付功能

除了手机支付，WiFi+O2O+NFC 营销还能应用于在线签到，如图 9–32 所示。

图 9–32　NFC 在线签到

专家提醒

　　WiFi+O2O+NFC 的商业营销模式还将继续，很有可能成为移动互联网时代实现企业精准营销的最佳手段。因此，企业想要通过这一新兴模式实现精准营销，必须完成海量用户引流，在满足用户实际需求的基础上挖掘用户数据价值，从而为用户提供优质的产业应用及服务，健全移动营销网络平台，如图 9-33 所示。

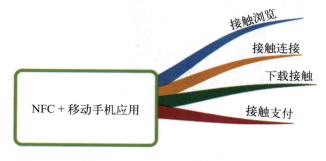

图 9-33　NFC + 移动手机应用

落地篇

保障：
用户安全不可忽视

用户在连接 WiFi、手机 WiFi 过程中，始终离不开"安全"两个字，随着 WiFi 网络的普及，网络安全隐患让用户人心惶惶。安全卫士的出现，能够最大限度保障用户网络环境安全。

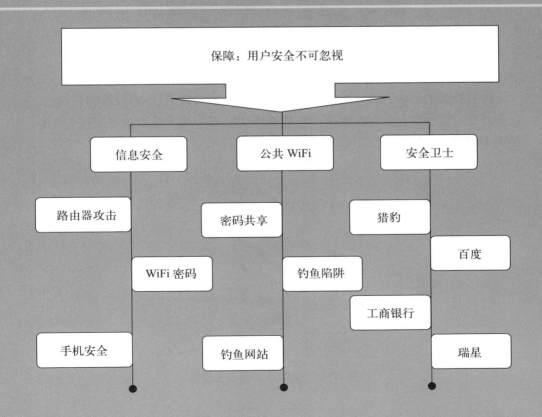

10.1 维护切身利益，保障信息安全

移动互联网时代，无线网络的普及与应用，为人们日常工作与生活带来了极大的便利，在 WiFi 技术基础上延伸的移动社交、移动支付、移动医疗等相关产业，更是在 WiFi 技术支撑下实现了随时随地的信息传播与交互。如图 10–1 所示，为移动互联网时代交互场景。

图 10–1 移动互联网时代交互场景

随着社会的进步，科技的迅猛发展，在增强 WiFi 现代化应用的同时，也一定程度提高了安全隐患的存在概率，给 WiFi 用户的生命财产安全造成了极大威胁。如图 10–2 所示，为常见的 WiFi 安全隐患。

图 10–2 常见的 WiFi 安全隐患

10.1.1　谨防无线路由器攻击

无线路由器是实现 WiFi 网络应用的基础，也是构建无线网络系统的硬件设备。一旦无线路由器受到威胁，用户的信息极有可能被不法分子窃取，这对用户个人隐私来说是十分不利的。

常见的无线路由器威胁可以概括为 3 种，如图 10-3 所示。

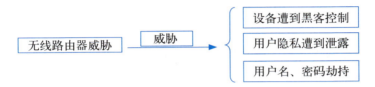

图 10-3　无线路由器威胁

对于无线路由器攻击而言，黑客可以利用高能的破解工具获取被攻击的无线路由器设备账号密码，也就是人们常说的"蹭网"。然后黑客开始攻击用户网络，利用专业设备篡改被攻击对象密码，使用户无法再连接该网络。如图 10-4 所示为常见的无线路由器攻击。

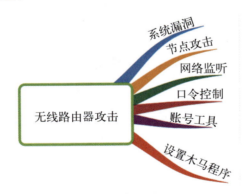

图 10-4　常见的无线路由器攻击

综上所述，用户在使用 WiFi 时，务必将自身安全放在第一位，提高安全意识，不盲目地连接 WiFi。在设置家用 WiFi 时，需要提高密码复杂程度，不给不法分子可乘之机。

10.1.2　严防 WiFi 密码破解软件

无线路由器密码是保障用户安全的重要屏障，但在移动互联网时代已成为黑客攻击无线路由设备的重要渠道之一。随着移动应用 APP 数量不断刷新，"WiFi 密码破解"软件也琳琅满目。

曾经有人用"WiFi 密码破解"软件做过实验，实验结果令人震撼，短短几分钟一个家用路由器设备密码就被轻易破解。这些恶性软件，无疑将给用户带来极大的威胁。

那么，面对这些琳琅满目的高科技软件，用户应该采取怎样的措施应对这些威胁呢？如图 10-5 所示。

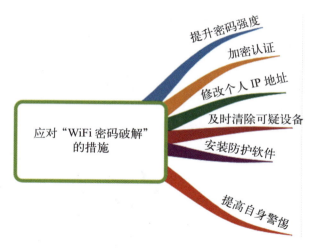

图 10-5　应对"WiFi 密码破解"的措施

10.1.3　移动手机连接 WiFi 安全

随着移动设备的大量应用，设备功能与服务也越来越高端，对于手机 WiFi 安全也是如此。当用户将手机"WiFi"功能打开时，系统会自动搜索附近 WiFi，当搜索到无须密码连接的无线网络时，手机会自动连接该 WiFi。

大部分手机 WiFi 安全隐患，正是因为不法分子抓住了用户这种"有免费 WiFi 就连"的心理，将有病毒的网络制作成无须密码即可连接的 WiFi，设置网络陷阱，窃取用户隐私。

应对手机 WiFi 黑客攻击，用户应该做到以下几点，最大限度保障自身利益，如图 10–6 所示。

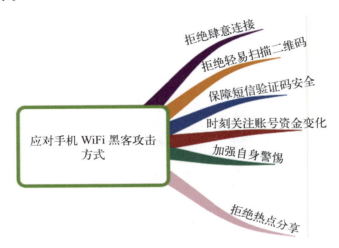

图 10–6　应对手机 WiFi 黑客攻击的方式

10.2　谨防公共 WiFi 陷阱

所有 WiFi 热点中，公共 WiFi 安全是人们重点关注的对象之一，如图 10–7 所示。由于公共 WiFi 使用人数与范围都最为广泛，同时大部分公共 WiFi 无须密码即可直接连接，也就成为黑客们最常"光顾"的网络系统。

图 10–7　公共 WiFi

10.2.1　公共 WiFi 密码共享隐患

当一个 WiFi 无线路由器设备接入多个移动设备端时，用户信息对于处在同一个网络中的设备而言是相对开放的，这时的用户信息可能存在一定程度的"被分享"，如图 10–8 所示。

图 10–8　WiFi 密码共享

当我们使用公共 WiFi 时，尽量选择需要密码连接的网络，而不是那些完全开放，肆意连接的 WiFi。另外，在输入手机号和验证码连接公共 WiFi 时，也一定要注意安全，提高警惕，最大限度保障自身安全。

必胜客、星巴克等连锁企业都通过用户手机号来达到营销目的，如图 10–9 所示。

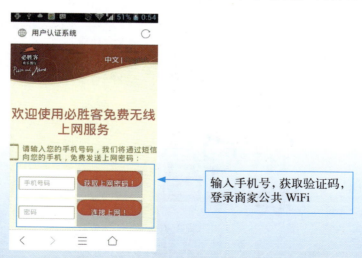

输入手机号，获取验证码，登录商家公共 WiFi

图 10–9　必胜客免费 WiFi

在 WiFi 攻击中，许多攻击者就是通过用户手机号获取更多用户隐私，因此在连接公共 WiFi 时，务必保持警惕。

10.2.2　误入公共 WiFi "钓鱼陷阱"

现阶段，公共 WiFi 存在 4 方面危害，如图 10-10 所示。

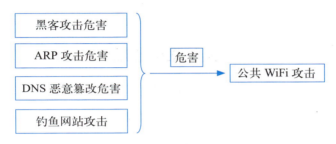

图 10-10　公共 WiFi 攻击

"钓鱼陷阱"是指网络不法分子将制作的假冒 WiFi 放置于人流量密集的公共区域，并以免费、快速等优势作为产品推广卖点，引导用户连接假冒 WiFi，通过这种非法手段获取用户隐私信息。

"钓鱼陷阱"的存在给人们带来了极大威胁，一般来说，非专业人士是很难分出假冒 WiFi 和正常 WiFi 的，这也给不法分子创造了机会。因此，为了最大限度避开假冒 WiFi，用户应该做到以下几方面，如图 10-11 所示。

图 10-11　避开假冒公共 WiFi 的方式

10.2.3　公共 WiFi "钓鱼网站" 诱导

"钓鱼网站" 是指不法分子利用特殊手段，将某网站通过特殊的技术伪装成真实性极高的电子商务通道，轻易窃取用户个人隐私、银行账号和密码等信息，如图 10-12 所示。

图 10-12　"钓鱼网站" 提醒

那么，不法分子是通过怎样的渠道获取我们个人隐私的呢？如图 10-13 所示。

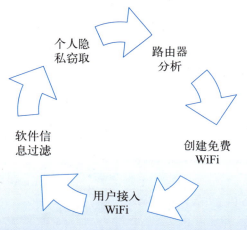

图 10-13　"钓鱼网站" 盗取用户信息的步骤

"钓鱼网站" 的存在不仅对人们的生命财产安全造成了威胁，还给移动金融、电子商务等领域发展带来了消极影响。面对这些隐患，我们应该采取怎样的措施进行应对呢？如图 10–14 所示。

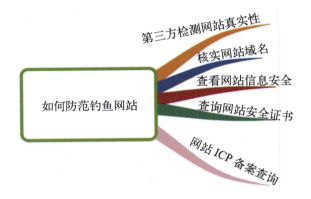

图 10–14　应对"钓鱼网站"的防护措施

10.3　WiFi 安全卫士，维护用户安全

移动互联网时代，智能终端 +WiFi 技术丰富了人们的日常工作、娱乐和生活，逐渐形成了人人离不开 WiFi，不能没有 WiFi 的现状，可见人们对于 WiFi 有很大的依赖性。

WiFi 技术牵扯着人们的行为活动，如图 10–15 所示。

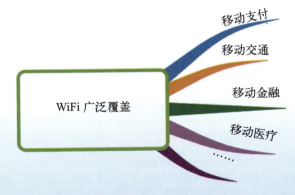

图 10–15　WiFi 技术的覆盖

WiFi 技术的深入应用，一定程度加大了 WiFi 及其相关产业的安全事故发生

概率。因此，为了最大限度保障用户安全，实现企业精准营销，不少品牌推出了安全卫士软件，致力于为企业 WiFi 营销营造良好的环境与氛围。

10.3.1　猎豹免费 WiFi

"猎豹免费 WiFi" APP 是一款免费 WiFi 移动应用，是由猎豹移动集团推出的首款免费 WiFi 应用，猎豹公司通过简洁的界面设计为用户提供了舒适的视觉享受，甚至连软件的下载和安装环节都十分简单。

用户只需要在相应的手机商店下载"猎豹免费 WiFi"应用，并点击运行，即可将 PC 端设备瞬间变成免费 WiFi 路由器，供多人和多台设备连接，如图 10-16 所示。

图 10-16　猎豹免费 WiFi 软件

猎豹公司为了提高"猎豹免费 WiFi" APP 的性能和实用性，对其进行了技术优化与升级，包括内部识别技术的创新，都优于其他同类型产品。正是企业技术的创新，使得"猎豹免费 WiFi" APP 快速成为同行中排名第一的移动应用。

"猎豹免费 WiFi"的高度安全性特征，实现了对大量用户资源的积累，在用户引流基础上，实现精准营销。

　　猎豹移动公司创立于 2010 年，作为中国第二大专注移动互联网安全的移动公司，在全国乃至全球都享有盛名，如图 10–17 所示。

图 10–17　猎豹移动公司

10.3.2　百度手机卫士

　　百度手机卫士 APP 功能十分强大，它的推出为用户隐私安全提供了保障，如图 10–18 所示。

图 10–18　百度手机卫士 APP

百度手机卫士还专为旗下用户提供了多功能服务，如图 10-19 所示。

设备网络提速
设备流量控制
设备系统优化
骚扰短信拦截

百度手机卫士

骚扰电话拦截
设备垃圾清理
保护用户隐私
病毒排查

图 10-19　百度手机卫士多功能服务

总的来说，百度手机卫士通过综合性服务，为用户提供了智能化、便捷化、快速化的多功能服务，获得消费者一致好评。

专家提醒

"百度手机卫士" APP 还特别为喜爱手机购物的用户，提供了一个安全的移动支付环境，推出"环形防护"方案，该功能专门用于检测用户当前的 WiFi 环境，为消费者安全支付提供保障。如图 10-20 所示为"环形防护"四大功能。

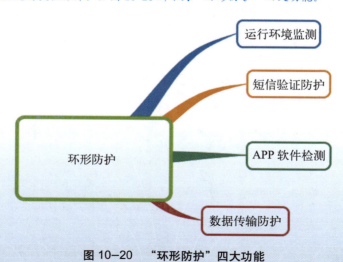

环形防护

运行环境监测
短信验证防护
APP 软件检测
数据传输防护

图 10-20　"环形防护"四大功能

10.3.3　工商银行安全控件

用户在 WiFi 环境下使用手机淘宝、当当网、蘑菇街等手机 APP 进行移动支付时，隐藏着很多不安全、不稳定的因素，这给消费者的财产安全带来了极大影响。

为了最大限度减少事故发生频率，提升用户安全感，中国工商银行为旗下用户提供了"防钓鱼"安全控件。该软件推出之后，一旦有新用户或没有下载该安全控件的用户进入工商银行官方网站时，系统将自动跳转页面，提醒用户下载"防钓鱼"软件，如图 10-21 所示。

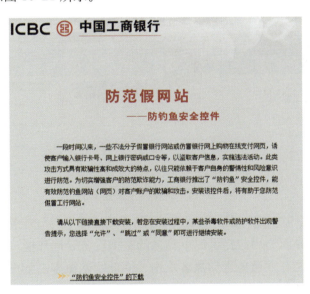

图 10-21　工商银行官网提醒用户下载安全控件

用户下载工商银行的"防钓鱼"安全控件，不仅能够在安全的环境中进行移动支付，而且每当用户打开浏览器，浏览某一网站时，安全控件会自动对该网站进行安全检测，一旦发现某一地址被列入过互联网黑名单，会立即对用户发出提醒，帮助用户轻松避开"钓鱼网站"，十分安全。

10.3.4　瑞星路由安全卫士

瑞星路由安全卫士，是由北京瑞星信息技术有限公司推出的，国内首款专门针对 WiFi 路由设备安全检测的安全卫士。瑞星路由安全卫士具备四大基本功能、七项安全扫描、五大安全监控、一键设置功能。

瑞星路由安全卫士的推出，为用户提供了免费 WiFi 路由设备检测的渠道，为路由设备的安全提供了保障，如图 10-22 所示。

图 10-22　瑞星路由安全卫士

瑞星路由安全卫士还可以对接入 WiFi 的移动终端进行智能管理和安全检测，通过简单的操作界面为用户提供简单易懂的路由设备管理环境，在保障用户网络环境的同时，还能有效避免遭受黑客攻击、降低蹭网概率。如图 10-23 所示，为瑞星路由安全卫士产品功能。

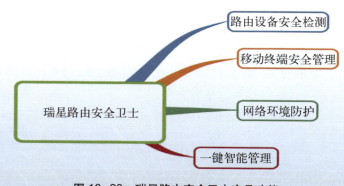

图 10-23　瑞星路由安全卫士产品功能

专家提醒

继瑞星路由安全卫士大获好评后，瑞星信息技术有限公司乘胜追击，推出瑞星手机安全助手，致力于保障用户移动设备安全。瑞星手机安全助手，不仅能够一键优化手机环境，还为用户提供了在线杀毒、上网保镖、隐私保护和省电模式等功能。

其中，"上网保镖"功能，更是为手机WiFi连接扫清了一切障碍，维护了设备安全，如图 10-24 所示。

图 10-24　瑞星手机安全助手

展望：
WiFi 行业未来发展

本章结合当前移动互联网时代发展趋势、WiFi 产业现状以及移动产业现状，综合分析 WiFi 行业未来发展。

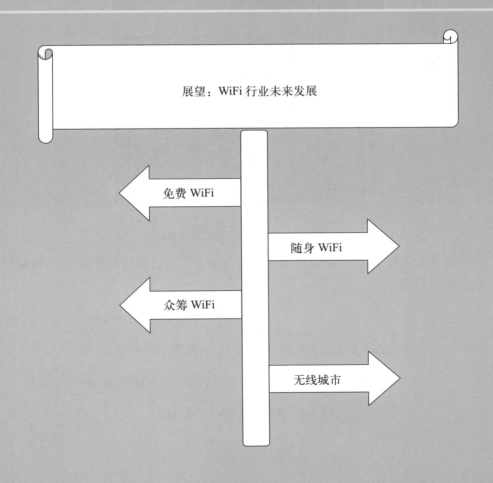

11.1　免费 WiFi 持续盛行

随着 WiFi 的广泛应用，免费 WiFi 营销模式已成为助力商家用户引流，促成企业精准营销的最佳手段，如图 11–1 所示。

(a)

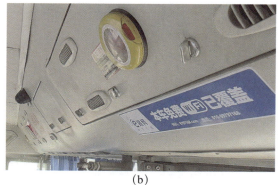

(b)

图 11–1　免费 WiFi 的广泛覆盖

结合我国免费 WiFi 市场发展现状，可以从 3 个方面展望未来免费 WiFi 领域发展，如图 11–2 所示。

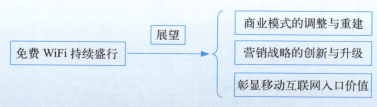

图 11–2　未来免费 WiFi 领域发展

11.1.1　免费 WiFi 商业模式的调整与重建

免费 WiFi 的大范围搭建，给广大城市居民提供了免费的、公共的休闲娱乐渠道，各种社交 APP 陆续推出，为人们的日常交互提供了便利，如图 11-3 所示。

用户通过连接公共免费 WiFi，使用 QQ 手机版 APP 软件，搜索附近陌生人，实现移动社交

图 11-3　腾讯 QQ 的 WiFi+APP 助力群众日常社交

专家提醒

　　腾讯 QQ 手机版 APP 软件，是由腾讯公司研发推出的一款基于 WiFi+APP 营销模式的移动社交网络平台。
　　手机 QQ 已经实现了 WiFi 在线聊天、W 在线视频、附近好友搜索、在线文件传输、文件共享、QQ 邮件传输等多个功能服务，为人们日常社交提供了便利。

我国免费 WiFi 商业营销模式主要分为以下 3 种，如图 11-4 所示。

图 11-4　免费 WiFi 商业营销模式

结合移动互联网时代发展现状，这种单一的商业营销模式已经无法适应企业的精准营销战略，因此在未来免费 WiFi 市场中寻求突破，找到能够快速实现企业

精准营销的制胜法宝已势在必行。

对于那些渴望通过构建免费 WiFi 网络实现精准营销的企业而言，资源整合和数据开放是十分必要的，如图 11-5 所示。

图 11-5　WiFi 资源整合与数据开放

● 企业资源整合，是指通过内部协调与组织，实现企业内部管理职能的规划，做到既能独立又能联合营销，并以此实现企业日常事务的经营与管理，最大化提升企业工作与管理效率。

● 企业营销数据，是指包括企业盈利、企业用户流量、企业经营要素在内的一系列详细的数据资料。在企业实行免费 WiFi 营销过程中，可通过隐蔽的后台管理程序，统计每天的客流量、消费人数、企业盈利等，并通过这些数据实现战略布局和内部管理，从而达到精准营销的目的。

综合企业 WiFi 营销现状与未来展望可知，用户引流始终放在企业营销首位，而数据又是影响企业盈利、实现企业营销的最直接因素，未来无论是什么领域的 WiFi 营销，企业都务必将数据分析放在首要位置。

如何调动数据，进行数据挖掘、统筹与分析，成为企业首先需要解决的关键点。如图 11-6 所示，为企业实现"数据开放"营销策略的具体步骤。

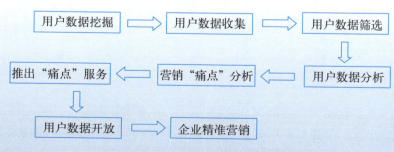

图 11-6　企业"数据开放"营销策略

2015 年 12 月，"3C 创新大奖颁奖典礼暨智能＋高峰论坛"成功举办，WiFi 万能钥匙凭借其创新的企业营销荣获商业模式创新奖的殊荣，由此可见，营销模式创新是企业实现可持续发展的核心命脉，如图 11-7 所示。

图 11-7 "万能钥匙" APP 创新的商业营销模式

11.1.2　免费 WiFi 营销战略的创新与升级

企业在实行免费 WiFi 营销过程中，只有遵循营销战略和营销原则，才能最大限度贴近精准营销模式，实现用户引流。结合当前免费 WiFi 市场营销实战情况，企业营销策略的创新可以参考以下几点。

1．明确用户对免费 WiFi 的实际需求

近几年，随着免费 WiFi 市场的盛行，随处可见 WiFi 覆盖的标识，在咖啡厅、机场等人流量密集的公共场所更是如此，"WiFi 已覆盖"标识随处可见，如图 11-8 所示。

图 11-8　随处可见的 "WiFi 已覆盖"

对于企业而言，想要通过免费 WiFi 实现用户引流，增加企业盈利，就需要为那些热衷于免费 WiFi 的用户提供最优质、最快速的网络，明确用户实际需求，是实现企业精准营销的关键所在。

2．加强与运营商的交流合作

随着我国各大通信运营商陆续开通 WiFi 相关服务，单一的免费 WiFi 营销模式不再是企业精准营销的第一选择。

许多企业通过与运营商合作，实行业务捆绑与交叉联合营销模式，促成双方的盈利增长，实现自身用户引流与精准营销。移动互联网时代背景下，企业的营销策略创新与升级，这种捆绑式营销将成为未来很长一段时间内最受企业欢迎的营销双赢模式。

 专家提醒

中国移动以北京作为试验城市，在北京城区设置了大量的 WiFi 热点覆盖，通过免费的 WLAN 活动实现用户引流，推动 WiFi 营销方案发展。

随后中国移动又推出"移动 WiFi 通"手机 APP，助力企业 WiFi 事业发展。下载了该应用的中国移动用户，只需发送手机短信到 10086，获取登录密码，即可立即参与中国移动提供的免费 WiFi 体验活动，如图 11-9 所示。

图 11-9　中国移动"移动 WiFi 通"

3．加强企业资源整合环节工作效率

如何实现高效率的资源整合是企业实行免费 WiFi 营销的关键，资源整合环节是调动企业员工工作积极性的重要因素，如何将用户流量资源升级为企业盈利数据，成为免费 WiFi 营销中值得企业重点研究的"痛点"之一。

11.1.3　免费 WiFi 彰显移动互联网入口价值

免费 WiFi 的盛行，不仅为企业精准营销创造了机遇，同时也彰显出了 WiFi 产业逐渐成为移动互联网热门用户流量入口这个不争的事实。企业通过免费 WiFi 实现用户引流的过程，正是 WiFi 产业积累移动互联网入口价值的过程。

由 WiFi 供应商树熊网络公司联合阿里巴巴支付宝推出"支付宝免费 WiFi"计划，引起了业界广泛响应，如图 11-10 所示。

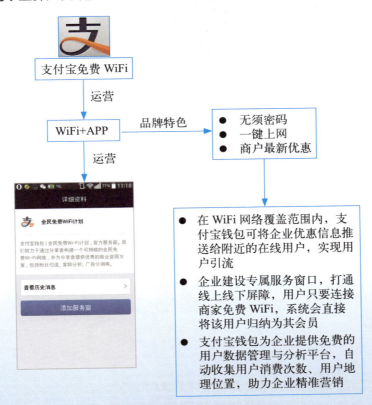

图 11-10　支付宝免费 WiFi 营销

11.2   随身 WiFi，随时随地的无线互联

随着智能产业的深入发展，越来越多的可穿戴便携设备都渴望实现 WiFi 连接，在未来，基于移动互联研发的随身 WiFi 或将成为潮流趋势，人手一个随身 WiFi 设备的时代终将来临。

11.2.1   腾讯"全民 WiFi"营销

腾讯集团发布旗下首款随身 WiFi 硬件设备，取名为"全民 WiFi"。"全民 WiFi"销售方向主要是那些常常使用移动终端玩游戏的用户，致力于为他们提供安全且稳定的移动 WiFi 网络，如图 11-11 所示。

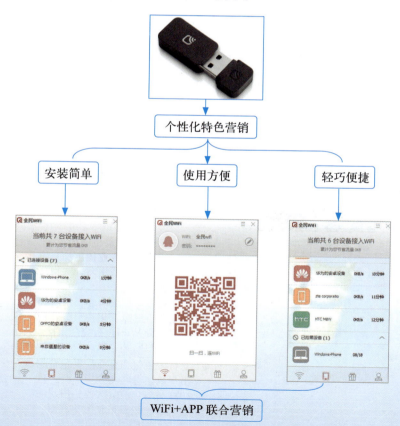

图 11-11   腾讯"全民 WiFi"营销

11.2.2　迅雷随身 WiFi 营销

迅雷随身 WiFi 通过设备 +APP 营销模式，面向用户为其提供易安装、易操作的随身 WiFi 硬件，为用户提供安全的网络连接与舒适且便捷的无线网络环境，如图 11-12 所示。

迅雷随身 WiFi

运营

| 提供安全且便捷的网络环境，利于保障用户隐私信息 | 操作方式简单，一键即可完成 WiFi 网络配置 | 为用户提供免费的移动 WiFi 流量，实现随时随地的信息传输 |

营销

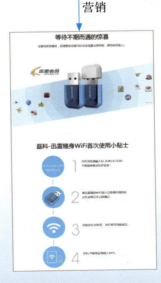

图 11-12　迅雷随身 WiFi

11.3　众筹 WiFi 模式或将来临

移动互联网时代，随着智能产品和移动终端的不断普及，家家户户都实现了 WiFi 网络的安装与应用。但相比较于家庭无线网络而言，亟待解决的问题是人们对 WiFi 网络的不定期需求，人们在遇到紧急情况时，常常找不到 WiFi，十分不方便。那么，面对这一难题，WiFi 市场应该做出怎样的回应、调整与改变呢？

随着 WiFi 技术的广泛应用与发展，众筹 WiFi 的出现彻底解决了这一难题，从根本上实现了最直接的 WiFi 网络连接。

11.3.1　"微飞"移动众筹 WiFi

上海一家创业开发商推出一款名为"微飞 (Microfly)"的手机移动应用，为使用该软件的广大用户提供了售卖闲置 WiFi 的移动平台。卖家将手中的闲置 WiFi 产品，通过明码实价的方式放到该软件上销售给有需要的用户，买卖双方可直接在 APP 上进行交易，为那些常出门在外又时常需要移动 WiFi 的用户提供了方便，如图 11–13 所示。

图 11–13　"微飞"众筹 APP

专家提醒

　　"众筹"一词是指大众筹资或群体筹资的一种活动和行为，这一集资行为主要由三方操控，分别是活动发起者、股份持有者以及某一平台机构。

　　"大众筹资"是一种门槛低、多元化且参与成员较多的集体活动，在这一活动过程中，注重创新和多元，如图 11-14 所示。

图 11-14　什么是众筹

11.3.2　平安 WiFi 合伙人

　　2015 年 8 月，中国平安集团举办了一场大型发布会，现场邀请了许多业界同行以及相关产业代表，并宣布启动"平安 WiFi 合伙人"计划。发布会上，企业负责人向来宾大致介绍了该计划整体布局和战略构想，如图 11-15 所示。

图 11-15　平安 WiFi 合伙人新闻发布会

那么，"平安 WiFi 合伙人"计划到底应用怎样的战略布局，又会产生什么影响呢？如图 11-16 所示。

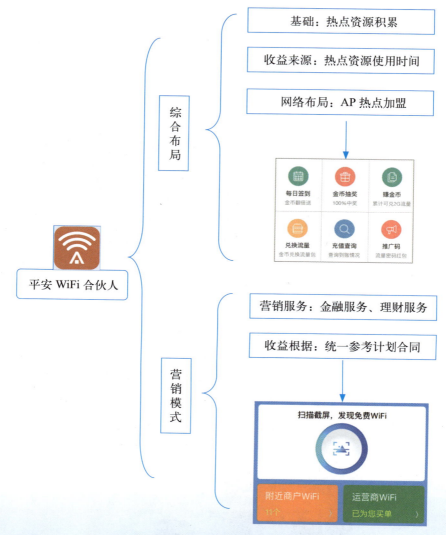

图 11-16 "平安 WiFi 合伙人"计划战略部署

综上所述，"平安 WiFi 合伙人"计划是一次坚持企业"WiFi 安全"营销原则的创新尝试，依靠群众的力量，建设全民安全网络，为全民 WiFi 时代的构建出谋划策，贡献群众力量。

11.4　无线城市，WiFi 助力城市建设

无线城市建设，是指利用 WiFi 网络实现随时随地的全城无线网络连接。广东是我国无线城市建设先行城市，城市通过互联网资源整合，构建全方位的无线城市移动手机平台，为用户提供一手的城市资讯以及多领域多行业服务，如图 11–17 所示。

图 11–17　广东无线城市

广东无线城市的建设，为用户提供了更加智能、更加便捷的生活体验，如图 11–18 所示。

图 11–18　广东无线城市 WiFi 服务

专家提醒

　　无线城市，就是使用高速宽带无线技术覆盖城市行政区域，向公众提供利用无线终端或无线技术获取信息的服务，提供随时随地接入和速度更快的无线网络，从而开发出在现有的第二代移动通信网络上不能使用、未来第三代移动通信网络上效果不够理想的高速度的新业务和新功能，如图 11-19 所示。

图 11-19　无线城市场景

案例篇

吃——
餐饮行业 WiFi 应用案例

第12章

　　每天吃什么，是近八成中国人每天都在琢磨的问题之一。企业通过 APP 应用，为消费者提供决策参考。APP 的使用离不开 WiFi，因此对于餐饮企业而言，WiFi 营销模式发挥着重要作用。

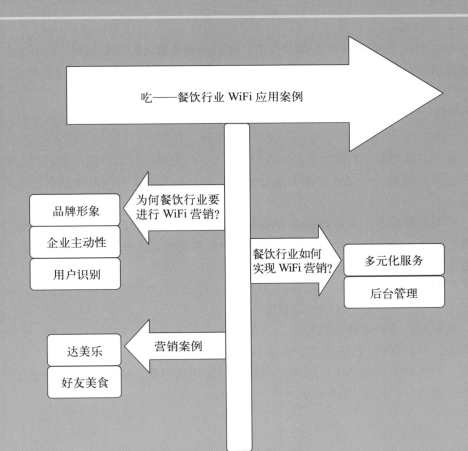

12.1 为何餐饮行业要进行 WiFi 营销

移动互联网时代，对于餐饮企业而言实行 WiFi 营销战略，是帮助企业抢占用户资源入口，实现精准营销的绝佳途径。因此，餐饮企业在开展 WiFi 营销中，务必遵循以下 3 个原则，才能从根本上助力企业盈利与品牌推广。

1．主动性

餐饮企业在实行 WiFi 营销过程中，务必提高自身主动性，以提供免费 WiFi 作为优势，实现用户引流；扩大 WiFi 覆盖面积，延长用户在店面附近的逗留时间，将被动化为主动，这是一种成功率极高的营销策略。

2．精准性

餐饮企业在实行 WiFi 营销过程中，务必做到精准性营销，在开放免费 WiFi 热点之前需要做好技术检验工作，确保网络的正常运行，并以此降低因技术失误带来的用户资源流失等影响。

3．特色性

餐饮企业在实行 WiFi 营销过程中，务必遵循个性化的营销原则，只有创新才能实现用户引流，特色化的营销模式，能够给用户带来不同的视觉和味觉体验。

12.1.1 提升品牌形象

提升品牌形象，是餐饮企业达到用户引流，实现精准营销目的后的必然趋势。品牌形象是衡量一个企业口碑的最好证明，是企业区别于其他同类型商户的重要凭证。

在同行业竞争中，良好的企业形象为企业实行口碑营销，实现用户引流创造机遇和条件，是反映企业产品质量与价值的重要因素。在餐饮企业 WiFi 营销中，一定要重视对自身品牌形象的管理与建设。

例如，日本麦当劳实行的 WiFi+O2O 营销模式，在实现企业精准营销的同时，也在国民心目中树立了良好的品牌形象。

日本麦当劳利用移动端设备，为旗下用户发送企业相关电子优惠券，实现用户引流，WiFi+O2O 营销模式的推出及应用，很快打通了麦当劳线上线下营销的闭环，消费者纷纷拿着手机端电子券到线下实体店消费，短时间内使得麦当劳营业额迅速增长，如图 12-1 所示。

图 12-1　日本麦当劳 WiFi+O2O 营销

　　日本麦当劳 WiFi+O2O 联合营销模式的推出，归功于移动互联网时代智能手机和 WiFi 技术在人们日常生活的广泛应用。麦当劳希望通过这种线上线下的联合营销，实现手机支付，提升餐厅员工工作效率，并以此增加餐厅盈利。

　　此后，移动支付这一移动互联网金融模式，在日本得到快速传播，在我国麦当劳餐厅中也可以看到，如图 12-2 所示。

图 12-2　麦当劳 WiFi + 二维码移动支付

专家提醒

随着智能产业的深入发展与应用，使得移动终端越来越智能，功能越来越强大。说到移动支付，人们第一时间想到的就是 WiFi、二维码、NFC 等一系列高端技术，如图 12-3 所示。

图 12-3　基于 WiFi 技术实现的移动支付模式的广泛应用

正是因为这些高端技术的深入发展，移动支付功能才得以研发和应用，为人们日常生活带来了极大的便利。除了麦当劳之外，国内许多便利店，例如上海罗森等连锁便利店都为用户提供了便捷支付服务。

除了通过电子优惠券打通线上线下闭环，实现用户引流，麦当劳开始考虑是否可以再利用电子优惠券实现对消费者的定向营销。也就是说，通过对消费者行为数据的分析，实行企业 WiFi+APP 营销模式下的电子优惠券定向发放和产品定向推送服务。如图 12-4 所示，为麦当劳 WiFi+APP 营销模式。

综合上述日本麦当劳营销案例，无论是日本麦当劳还是中国麦当劳，都有很大的提升空间。无论是什么领域的企业营销，都需要将用户和消费者放在首要位置，因为只有积累一定的用户资源，才有可能实现企业盈利。

抓住用户需求，而优惠券定向营

图 12-4　麦当劳 WiFi+APP 营销模式

销，恰恰是一种与用户需求最相符合的企业盈利模式，可以通过多推送产品广告，发布餐厅优惠活动，实现用户引流。对于我国餐饮企业而言，可以多借助其他国家和地方的营销模式作为参考，并结合当地用户实际需求，制定出符合实际情况的营销方案。

麦当劳的 WiFi+O2O 营销模式广受好评，被业界称为"餐饮业中最成功的 O2O 营销案例"，不仅受到同行业争相效仿，也很大程度提升了麦当劳企业在消费者心目中的品牌形象。

12.1.2 提升企业主动性

WiFi 营销模式应用于餐饮行业中，能够很大程度提升企业营销主动性，主动性营销是企业积攒用户资源的最佳途径。

例如，著名饮料品牌可口可乐公司推出的 WiFi + 大数据营销模式，通过主动的用户数据和产品销售数据等多种数据的收集与分析，为用户提供定向服务，保证品牌服务与消费者实际需求能够最大化吻合。如图 12-5 所示，发挥 WiFi + 大数据营销应用于餐饮行业的优势。

图 12-5　WiFi + 大数据营销应用于餐饮行业的优势

面对越来越激烈的同行业市场竞争，可口可乐公司意识到要加强自身主动性，实现对产品的主动推广。那么，在正式进行产品推广前，首先需要了解企业营销现状、市场发展现状以及消费者需求现状。如图 12-6 所示为可口可乐在 WiFi + 大数据下的企业营销模式。

图 12-6　可口可乐在 WiFi + 大数据下的企业营销模式

因此，利用 WiFi + 大数据营销模式实现用户引流和企业精准营销，再合适不过了。同时，可口可乐公司还通过改变企业内部管理模式和生产模式，来优化和改善整体水平，实现对生产成本的控制以及对内部员工的管理。

专家提醒

　　可口可乐公司是一家在全球享誉盛名的著名饮料品牌公司，可口可乐公司于 1886 年在美国创立，并于 1979 年正式进军中国市场，获得餐饮行业强烈反响。除了上面提到的 WiFi + 大数据营销，可口可乐公司还善于通过广告实现企业营销，个性化的创意广告以及大量的人气明星参与代言，为企业盈利提供了条件。如图 12-7 所示为可口可乐创意广告营销。

图 12-7　可口可乐创意广告营销

12.1.3 用户识别，精准营销

Portal 用户认证，是当前商用 WiFi 营销模式中商家最常用的用户引流渠道之一，这种认证方式能够帮助商家轻松获取和积累用户资源。

在这一认证模式下，消费者想要连接商家 WiFi 就必须先输入自己的手机号等个人信息，系统会自动保存这些信息，最后反馈到商家 WiFi 管理系统后台中，助力商户进行用户数据分析，达到用户引流、定向营销以及精准营销的目的。

例如，肯德基的 WiFi 营销模式，用户想要连接店铺内 WiFi，就需要在登录页面输入自己的手机号等信息，获取验证码，从而实现 WiFi 连接，如图 12-8 所示。

图 12-8 肯德基 WiFi 营销利于用户识别

随着随身 WiFi 的大范围普及，这类对于消费者而言相对复杂的认证方式，或许最终将被淘汰。消费者希望能够直接连接商家 WiFi，而不是通过各种方式进行认证。特别对于老客户来说，简单直接的网络接入方式才是他们所希望看到的。

当人们提出这一疑虑后，多数企业开始行动，致力于研究出既能迅速留住用户，简化网络连接流程，同时也能保证企业盈利的商用 WiFi 营销模式，由此 WiFi +二维码营销模式出现，如图 12-9 所示。

图 12-9　餐饮行业 WiFi + 二维码营销

　　WiFi + 二维码营销模式的出现，很大程度提升了企业员工工作效率，是提高企业营业额的关键因素。有了企业二维码，消费者想要连接店内 WiFi，只需扫描二维码即可，无须再去询问店内员工。

　　例如，用户连接 WiFi 扫描二维码打开"丁丁优惠"APP，即可自行选择想要去的餐厅，查看是否有优惠折扣，如图 12-10 所示。

图 12-10　WiFi + 二维码扫描折扣营销策略

企业为了吸引消费者扫描二维码，还通过开展优惠政策作为噱头，实现用户引流，如图 12-11 所示。

图 12-11　必胜客半价促销活动

WiFi + 二维码不需要用户输入个人信息和接收短信验证码，对于企业而言是一种很好的引流渠道。

除了作为企业实现用户引流、精准营销的渠道，随着二维码技术在多个领域的深入应用，二维码还成为验证产品身份的标志。平时逛超市的时候，随手拿起一件商品，都可以看到产品包装上的二维码，如图 12-12 所示。

图 12-12　产品上的二维码标识

消费者拿到有二维码的产品，即可通过微信"扫一扫"功能，查看产品基本信息，验证该产品是否属于正品行列，如图 12-13 所示。

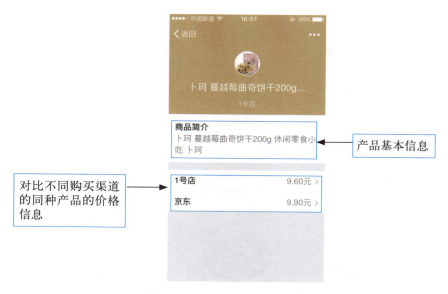

图 12-13　二维码产品验证

专家提醒

　　商户开展 WiFi + 二维码营销时，可设置一个二维码签到处，并为参与该签到活动的消费者提供小礼物或优惠活动。这样用户只需拿出手机扫描二维码，即可完成签到程序，签到完成后，界面将跳转到企业首页，通过品牌广告展示，加深消费者对品牌的熟悉度，如图 12-14 所示。

图 12-14　WiFi + 二维码扫描签到

12.2　餐饮行业如何实现 WiFi 营销

餐饮行业想要通过 WiFi 实现企业精准营销，务必重视以下两点关键要素，如图 12-15 所示。

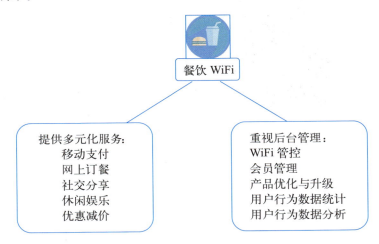

图 12-15　餐饮行业如何实现 WiFi 精准营销

12.2.1　提供多元化服务

企业在推广 WiFi 营销模式过程中，致力于多元化服务的开展，是积攒用户资源的制胜法宝。下面主要从 5 个方面，介绍可供企业 WiFi 营销参考的多元化服务。

1．移动支付

商家通过在店内安装无线网络，为付款环节构建了一个移动支付环境与平台，用户只需连接商家免费 WiFi，即可实现移动支付，如图 12-16 所示。

餐饮企业想要扩展业务，实现用户引流，首先需要不同的互联网渠道来打通营销闭环。特别在移动互联网时代，通过移动应用、用户消费行为分析等多种方式与数据获取用户需求，加强彼此间的互动是十分必要的。

移动互联网时代背景下，"移动支付"概念的诞生，是指以移动智能终端与 WiFi 技术为基础，在第三方平台授权下，实现的商户与消费者之间的线上交易。这个交易平台可以向商家全面开放大部分大数据，有利于商家根据消费者的消费行为数据，实现更加精准的 WiFi 营销，从而降低企业营销成本，增加企业利润。

图 12-16　餐饮行业移动支付

2．网上订餐

1）美团外卖

"美团外卖"手机 APP，是美团网旗下的 O2O 餐饮行业外卖平台，该应用于 2013 年 11 月正式上线，现已在我国多个城市投入应用，并获得广大消费者喜爱，成为同行业的佼佼者，如图 12-17 所示。

扫描二维码，下载手机 APP 应用，在线点餐

优惠营销战略

图 12-17　美团外卖

2）百度外卖

"百度外卖"APP 手机应用,是由电商平台百度极力打造的专业外卖服务平台，APP 应用中覆盖多家优质外卖商家，企业致力于为用户提供方便快捷的网络外卖

订餐服务。

2015 年 7 月，"百度外卖" APP 正式上线，这也意味着 O2O 成为百度助攻市场，如图 12-18 所示。

图 12-18　百度外卖

3）饿了么

"饿了么"是中国专业的网上订餐平台，企业于 2009 年 4 月在上海由张旭豪、康嘉等人联合创立，作为 O2O 平台，"饿了么"的自身定位是连接"跟吃有关的一切"，如图 12-19 所示。

图 12-19　饿了么

4）到家美食会

"到家美食会"APP 是一个典型的微餐饮平台，主要为城市家庭用户提供一站式订餐及配送服务。用户通过"到家美食会"APP，可以方便地从周边知名特色餐厅订餐，并由"到家美食会"的专业送餐团队配送到家，如图 12-20 所示。

图 12-20　通过"到家美食会"应用订餐

"到家美食会"不是一个简单的手机 APP，企业线下配备了专业的送餐团队，可做到实时定位与追踪。"到家美食会"已经实现了与数百家知名餐饮企业的联合，并计划将该 APP 推广到更多的城市和地区。

3．社交分享

社交网络本身是以聚合人群为特点，在这些网络应用中，人们可以交友，相互联系。因此，常常会出现许多企业 APP 本身不具备社交功能，但依然会有大批消费者跟随。如图 12-21 所示，为社交网络营销特点。

图 12-21　社交网络营销特点

社交网络的出现，很大程度提升了信息传播速度，实现了多元化信息的传播与沟通，同时也逐渐改变着用户的消费行为。

在社交网络中，消费者不只是单方面地接受企业推广，还可以透过社交平台将自身的消费感受传播到其他消费者身边，分析产品内容，评估可购买性，为其他用户提供决策参考。如图 12-22 所示，为社交网络营销优势。

图 12-22　社交网络营销优势

4．休闲娱乐

消费者去海底捞消费，常出现因为用餐人数过多顾客长时间等位的情况。海底捞发现这一现象，为了帮助消费者消除等位过程中的无聊感，特地为顾客提供了娱乐游戏，通过这种休闲娱乐留住用户，实现精准营销，如图 12-23 所示。

图 12-23　海底捞通过提供公众号游戏留住用户

海底捞为顾客提供娱乐游戏，其优势主要表现在以下几方面。

● 通过这种娱乐活动，可以聚集人气，留住用户；

● 消费者在活动中既能感受到游戏本身的乐趣，又能与其他网友形成互动，推动企业产品信息的传播，树立品牌形象；

● 在游戏中间接推广品牌和产品，加强消费者对其品牌的印象。

5. 优惠减价

扫描 5iKFC 二维码，关注企业微信公众号，即可领取包括肯德基、麦当劳、必胜客等企业在内的超值优惠券，如图 12-24 所示。

图 12-24　5i 二维码

优惠券是现实用户引流的制胜法宝。以肯德基和麦当劳为例，同领域的两家企业，产品营销和市场定位一模一样，这时候价格就成为消费者消费的唯一标准。

12.2.2　重视后台管理

会员管理与用户行为数据统计与分析，是企业 WiFi 营销后台管理的核心。在餐饮企业 WiFi 营销中，用户大数据将发挥决定性作用。

例如，"食神摇摇"餐饮 APP，通过用户数据提供最符合其需求的特色餐厅，实现精准营销。

"食神摇摇"的推出，第一时间赚取了大量下载量，迅速成为获得苹果官方首页推荐的餐饮 APP 之一，占据免费 APP 应用排行榜前十的席位。可见人们对于餐饮 APP 的需求量之大，特别是对于这种制作十分优秀的移动应用。

"去哪儿？""吃什么？"是我们每天最常听到和最常询问的问题，选择太多也不好，没选择更不好。现在，有了"食神摇摇"，只需拿出手机，连接 WiFi 摇一摇，软件会自动为用户找出最适合的餐厅，如图 12–25 所示。

图 12–25 "食神摇摇"搜索餐厅

● 用户只需连接 WiFi，打开"食神摇摇"软件，软件就会通过 LBS 技术自动为用户搜索附近美食；

● 如果用户对推荐的餐厅不满意，可以拿起手机继续摇，这时软件将会为用户提供餐厅列表，供用户自行选择；

● 单击进入每个店铺的单独页面，软件不仅为用户提供餐厅具体地址、电话等基本信息，同时还能查看已完成消费的用户评价，为用户选择提供参考。

"食神摇摇"就是通过收集用户搜索数据，为用户精准搜索最符合其需求的餐厅，通过这种 WiFi+ 大数据模式，实现企业精准营销。

12.3 餐饮行业 WiFi 营销案例

WiFi 营销，是帮助餐饮企业实现用户引流和精准营销的最直接渠道，下面通过餐饮业 WiFi 营销实战案例，对 WiFi 营销进行深入剖析。

12.3.1　达美乐 WiFi+APP 营销

最早成立于美国的连锁比萨品牌达美乐，推出了一款名为"Domino'sPizza Hero"的手机 APP 应用，如图 12–26 所示。用户可以直接连接 WiFi 实现网上订餐，同时还提供休闲娱乐活动，通过精美、逼真的画面，帮助用户体验制作比萨的过程，如图 12–27 所示。

图 12–26　美国连锁比萨品牌达美乐

图 12–27　用户亲自制作比萨画面

通过 WiFi+APP 营销模式，达美乐比萨聚集了更多的品牌人气，具体表现在以下几方面。

- 可提升用户感受；
- 利于品牌实现二次消费；
- 利于品牌实现口碑传播营销；
- 增加商户与消费者之间的互动；
- 提升品牌形象。

12.3.2　好友美食 WiFi+APP+LBS 营销

"好友美食"是一款基于社交网络平台构建的手机 APP 应用，该软件利用 LBS 技术实现好友定位，用户可以通过社交好友发布的美食和餐厅内容定位相应的餐厅位置，获取餐厅基本信息，如图 12-28 所示。

根据用户所处的地理位置，在首页向用户推荐附近的美食，并显示推荐理由、实际距离、人均消费等信息

图 12-28　好友美食 APP

"好友美食" APP 也是一种口碑营销，好友通过分享自身的消费体验，为他人提供参考，这一点看企业粉丝数量就知道了，如图 12-29 所示。

图 12-29　"好友美食"微博粉丝

对于餐饮业而言，毫无疑问，"好友美食"实行 WiFi 营销会产生重要影响，主要表现在以下几方面。

● 口碑营销，实现用户营销；

● 通过在微博和微信上发送营销广告，实现用户引流；

● 对于商家获取用户的质量来说，"好友美食"基于用户主动回馈，通过这种方式获取的用户质量较高，转化率往往也更高，能够给企业带来更大的传播价值；

● "好友美食"通过整理 APP 用户评价，分析自身缺点与不足，为日后企业营销提供参考价值。

住——家居行业 WiFi 应用案例

第13章

随着智慧家居产品越来越多，人们对智能家居的需求和要求也逐渐提升，企业通过 WiFi 实现精准营销，是当前家居产业最常见的营销模式和营销渠道。

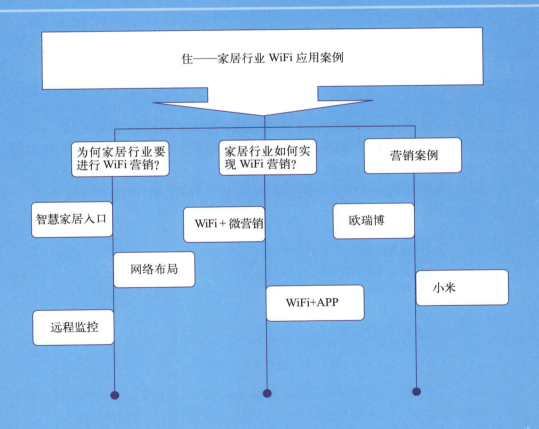

13.1　为何家居行业要进行 WiFi 营销

提到家居行业与 WiFi 的结合，人们第一时间想到的就是智慧家居概念，如图 13-1 所示。下面我们解析为何家居行业需要应用 WiFi 网络实现精准营销。

图 13-1　家居行业与 WiFi 的融合构想

13.1.1　构建智慧家居热点入口

WiFi 应用于智慧家居系统中，能够很大程度加快智慧家居产业的发展。WiFi 网络是移动互联网时代实现网络连接的关键载体与工具，在智慧家居系统中的应用是实现人与家居产品互联的核心。

那么，将 WiFi 技术应用于智慧家居中，构建其热点入口，具备哪些优势呢？如图 13-2 所示。

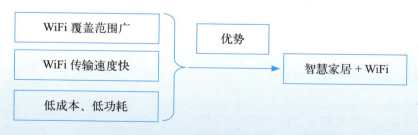

图 13-2　智慧家居 + WiFi

2014 年，市场引发智慧家居狂潮，移动互联网时代的来临，更是很大程度推动了智能产业发展，智慧家居也得以受益。那么，究竟什么是智慧家居呢？

　　总的来说，智慧家居系统是一种以居民住宅为基础，将智能产业、网络通信技术、自动化技术以及安全管理技术融合，从而构建的智能化体系。如图 13-3 所示为智慧家居基本特点。

图 13-3　智慧家居基本特点

　　实际上，智慧家居就是传统家居在智能手机接入 WiFi 的基础上实现的智能化应用。智慧家居企业利用智能化特征，实现用户引流，根据用户实际需求，研发符合市场需求的智慧型产品，吸引用户购买其产品，完成精准营销。如图 13-4 所示，为智慧家居 WiFi 布局。

图 13-4　智慧家居 WiFi 布局

　　近几年，随着智慧家居概念与 WiFi 技术的大热，许多传统的家电企业纷纷向智慧家居发展，希望通过智能技术、WiFi 技术以及智能手机三者的结合，获取最大化盈利。

　　例如，海尔智慧家居"U-home"战略，一经推出就获得市场青睐，为企业盈利带来了很大提升空间，如图 13-5 所示。

图 13-5　海尔智慧家居"U-home"

美的集团推出的"M·Smart"战略，向市场宣告进入智慧家居行列，以"开放"为核心的美的智慧家居，引领国内智能家居产业发展，如图 13-6 所示。

图 13-6　美的"M·Smart"智慧家居

13.1.2　完善智慧家居网络布局

WiFi 与传统的 ZigBee 技术相比，展现了其独特的技术亮点，它实现了传统家居产品的物物相连，并利用技术模块实现了开关与插座的智能化应用，如图 13-7 所示。

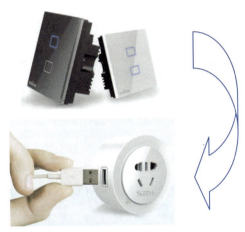

图 13-7　WiFi 完善智慧家居布局

结合智慧家居产品实际应用，将 WiFi 应用于智慧家居布局中，其优势如图 13-8 所示。

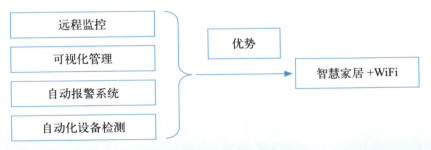

图 13-8　智慧家居 + WiFi 的优势

13.1.3　智慧家居，WiFi 实现智能远程监控

WiFi 无线网络是智慧家居实现远程监控的核心要素，WiFi 供应商根据家居企业或消费者需求，为其提供相符合的 WiFi 设备，实现精准营销。如图 13-9 所示

为联想 WiFi 远程监控产品看家宝。

图 13-9 联想 WiFi 远程监控产品

联想智慧家居系列智能产品"看家宝"，是联想集团于 2013 年推出的一款基于云基础实现的远程视频产品，用户可使用移动终端连接 WiFi，实现与"看家宝"的无线连接，实现对室内场所远程监控。如图 13-10 所示为联想看家宝功能。

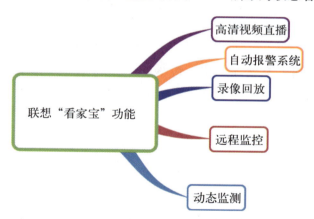

联想"看家宝"功能

- 高清视频直播
- 自动报警系统
- 录像回放
- 远程监控
- 动态监测

图 13-10 联想"看家宝"特色功能

联想通过 WiFi+APP 营销模式，实现了产品精准营销，主要表现在以下几方面。

● 用户确认"看家宝"使用环境是否已连接 WiFi 网络，并且能够有效地访问互联网。

● 尝试将"看家宝"产品连接电源，查看是否能够正常启动，确保产品能够正常使用后，将其放置在需要监控的区域，用户的移动终端设备需要下载"看家宝"客户端，如图 13-11 所示。

图 13-11　联想"看家宝"APP

　　用户下载并登录客户端，点击主页面内的"极简安装"功能，按照页面要求进行"看家宝"产品配置，准确完成上述操作后，即可实现对室内相应场所的远程监控。

　　联想还通过 WiFi+APP 模式，增加与消费者之间的互动，实现用户引流。联想在豆瓣社交平台上发布了一则有关旗下 WiFi 产品"看家宝"的广告，一时间引发"常回家看看"的热潮，如图 13-12 所示。

通过奖赏机制吸引消费者参与，用户只需连接 WiFi 下载"豆瓣"APP，即可在线参与品牌活动

图 13-12　联想"看家宝"WiFi+APP 营销

　　通过 APP 网络社交平台推广广告，引发消费者响应。整个信息推广中，联想大打亲情牌，直戳消费者"痛点"和"痒点"，企业通过这种独特的推广方式，将用户引入品牌情感营销模式中，再展开相关产品广告推送，利用多媒体平台扩大社会影响力，提高关注度。

13.2 家居行业如何实现 WiFi 营销

家居行业实现 WiFi 营销，主要通过以下两方面，如图 13-13 所示。

WiFi 营销

WiFi + 微营销推广：
微营销是移动互联网时代发展进程中的重要环节，通过"朋友圈"的口碑传播和影响，企业可实现对用户的精准广告推送，从根本上实现定向营销；用户也可选择性地关注自己感兴趣的产品

WiFi+APP 营销推广：
APP 营销就是应用程序营销，在移动互联网时代，APP 成为助力企业营销的热门工具。例如，手机淘宝、天猫、聚划算等开发平台，利于积聚用户资源，同时借助 APP 实现针对性地定向营销

图 13-13 家居行业实现 WiFi 营销

13.2.1 WiFi + 微营销推广

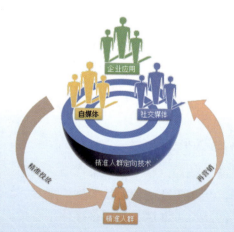

今后几年，对于我国各大智能产业而言，注定是不平凡的，家居产业亦是如此。智慧家居的推出，迅速推动其产业大变革。2015 年，家居行业引领智能产业 WiFi + 微营销，实现了 O2O 闭环新模式。

对于智慧家居产业来说，WiFi + 微营销推广能够最大限度体现移动互联网时代价值，如图 13-14 所示。

用户只要连接 WiFi，打开微信手机客户端，搜索订阅号，就能发现很多关于"智慧家居"的认证企业和信息，例如，美的集团的"智能家居"平台订阅号，如图 13-15 所示。

图 13-14 WiFi + 微营销模式图

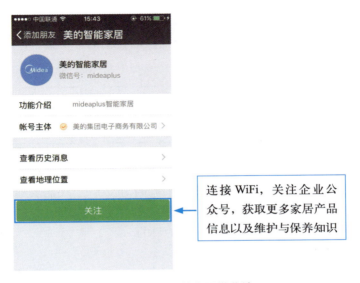

连接 WiFi，关注企业公众号，获取更多家居产品信息以及维护与保养知识

图 13-15　智慧家居微营销

移动互联网时代背景下，家居行业对微营销这种营销渠道十分重视，它将联手电商集团，为广大消费者带来更多惊喜。

那么，在实行 WiFi + 微营销的过程中，家居行业采用怎样的运营推广方式呢？如图 13-16 所示。

图 13-16　家居行业 WiFi + 微营销的运营推广

对于企业营销而言，用户体验始终是直接影响企业形象和企业盈利的关键因素，因此用什么方式增强 WiFi+ 微营销过程中的用户黏性，提升用户感受，才是

企业真正需要解决的问题。

用户行为数据整理和分析，是实现企业精准营销的重中之重，该如何准确且快速地挖掘用户数据呢？如图 13-17 所示。

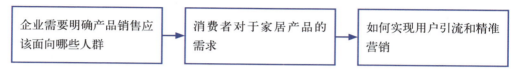

| 企业需要明确产品销售应该面向哪些人群 | → | 消费者对于家居产品的需求 | → | 如何实现用户引流和精准营销 |

图 13-17　用户行为数据整理和分析

移动互联网时代，企业营销除了重视自身推广能力外，还需要加强用户资源、数据整理与分析能力。在同行业竞争中，谁能整理更多的用户信息，谁就能准确抓住更多的用户需求，从而达到精准营销的目的。

13.2.2　WiFi+APP 营销推广

WiFi+APP 营销，是企业通过专业技术制作的，与其品牌和产品相关联的，连接 WiFi 才能够使用的手机移动应用程序。随着智能手机与 WiFi 产业的不断融合，企业利用 WiFi+APP 营销模式，抢占移动互联网用户流量入口，实现用户引流和精准营销的发展目标。

1. Airbnb 的 WiFi+APP，打造短租中的品质应用

Airbnb 短租平台的 WiFi+APP 营销模式，注重线上与线下的结合，致力于打造国内最具代表性的租赁行业 O2O 平台，如图 13-18 所示。

图 13-18　Airbnb 安网短租平台

　　综合我国家居行业 O2O 营销实例，不难发现，很多企业缺乏对线下营销的关注，O2O 是一种线上线下联合的营销模式，因此企业不能放松对线下服务的推广。要想实现精准的 O2O 营销，必须将线上线下服务联合，真正做到规范化营销和精准化营销。

　　Airbnb 采取的新型 O2O 模式实现精准营销，用户可直接在线上订购，且实现了 190 多个城市的短租模式，致力于打造线下租房新体验，如图 13-19 所示。

图 13-19　覆盖范围极广的 Airbnb 短租平台

　　通过 WiFi+APP 营销模式，加强与消费者之间的互动，了解消费者对房屋的实际需求，推出最符合其需求的产品，并提供自行选择服务，如图 13-20 所示。

图 13-20　Airbnb 的 APP 营销平台

在 Airbnb 的 WiFi+APP 营销平台中，不仅能够为中、短期个人用户和企业用户提供优质的标准化租赁服务，还可以在用户短租期间为其提供与社区生活相关联的一系列标准服务。如图 13-21 所示，为 Airbnb 社区服务。

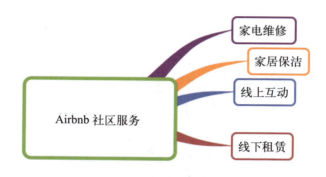

图 13-21　Airbnb 社区服务

2．万达房产：WiFi 营销推广

万达集团打出"百万大奖征集广告创意"的广告标识，吸引用户参与企业创意征集，如图 13-22 所示。

图 13-22　万达 WiFi 营销

万达集团通过这种奖赏方式，留住用户，提升活动参与人数，让"百万大奖"成为企业营销的噱头。这样不仅能够留住用户，通过消费者之间的信息传播，还能够实现精准的口碑营销，如图 13-23 所示。

图 13-23 万达"百万大奖"噱头实现用户引流

微视是万达活动的联合举办方，用户直接将创意视频上传到该平台，即可参与有奖征集活动。

这种联合营销实现了企业营销模式从单一的图文信息向影像信息的转型与升级，也使得该活动在短短几个月内就吸引了无数用户参与，更是连续登上新浪微博热门话题榜前列，可见影响力十分强大。

专家提醒

微视和秒拍作为玩法时尚、新颖的移动互联网视频平台，是最受当前年轻群体欢迎的品牌，因此万达与这些平台合作，短时间内就将活动推向高潮，活动宣传视频总播放量接近 1800 万次，转发评论量超过 12 万次，如图 13-24、图 13-25 所示。

图 13-24 微视视频　　图 13-25 秒拍视频

3．拇指新房：WiFi+LBS 精准搜索中意的房产

拇指新房是一款基于 WiFi 技术实现的移动终端 APP 平台，用户可以通过精准设定查询符合自身需求的房产信息，并在地图或卫星云图上查看它们的具体位置和前往路线。

"拇指新房" APP 具体操作流程如下所示。

● 用户可以直接点击页面上的云朵图案，选择想要查看的房产信息所在地，如图 13-26 所示。

● 通过条件设置页面可以搜索自己想要的房产信息，例如，可根据房产价格、房产面积、物业类型、户型等做进一步的查询，如图 13-27 所示。

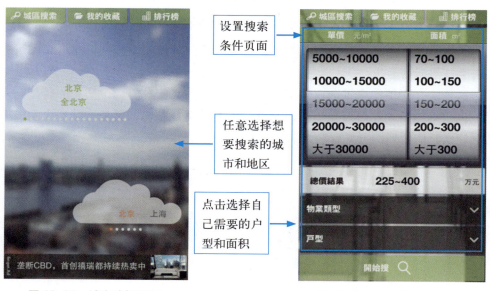

图 13-26　城市选择页面　　　　　　图 13-27　设置搜索条件页面

专家提醒

在企业运营过程中，大数据充斥着企业营销和推广的每一环节，包括用户数据、营销数据，等等。无论是在哪一个行业和领域，企业大数据的存在对企业而言十分重要，它关系到企业的可持续发展。这些数据中存在很多商业秘密，因此十分隐秘，是衡量企业运营成功和失败的重要标志。

● 单击搜索后，软件会把搜索到的房产信息（文字信息、图片信息等）——

列出来，为用户提供参考，如图 13–28 所示。

　　● 地图模式和卫星模式是拇指新房最基本的表现形式，如图 13–29 所示。

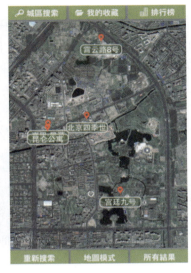

　　　　图 13–28　房产项目的详情　　　　　　　图 13–29　卫星地图

　　● 在搜索房产信息时，可点击收藏，便于之后查看，系统还为用户提供了房产信息实时对比功能，如图 13–30 所示。

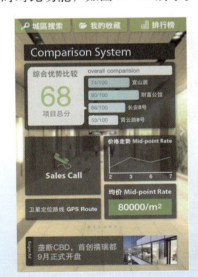

图 13–30　收藏夹与对比功能

233

拇指新房通过 WiFi+LBS 实现企业精准营销，为用户提供精准的定位服务，找到最符合其需求的房产信息，提供细致入微的专业服务，打造优质的房产品牌 APP 应用。

未来，包括微信、APP 在内的所有移动互联网应用，都将成为家居产业营销重点。企业通过集合旗下特色化、个性化的家居产品，统一上传到这些电商平台，并采取优惠营销政策，为消费者提供便利，留住老用户，吸引新用户，从而实现精准营销。

13.3 家居行业 WiFi 营销案例

纵观当前家居领域发展现状，自动化的家居产品随处可见。这些智能家居产品推出后，家居企业又是通过怎样的方式实现精准营销和用户引流的呢？下面通过分析家居企业智能产品营销实例，详细介绍企业的营销战略。

13.3.1 欧瑞博 WiFi 智能插座

2015 年，对于智慧家居产业而言，注定是不平凡的一年。欧瑞博宣布大力推广旗下智慧家居产品。如图 13–31 所示为欧瑞博智慧家居平台。

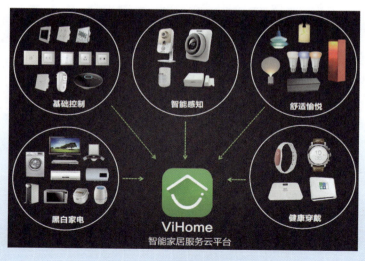

图 13–31　欧瑞博智慧家居平台

欧瑞博智慧家居，是基于云平台和 WiFi 技术实现的，所有产品都需要在 WiFi 环境中才能正常使用，同时用户可以下载相应产品的手机 APP 营销，远程控制智慧家居旗下产品，如图 13-32 所示。

图 13-32　基于云平台和 WiFi 技术构建的欧瑞博智慧家居平台

欧瑞博智慧家居系列旗下的 WiFi 智能插座，如图 13-33 所示。进入互联网时代以来，插座经历了几个发展时期，如图 13-34 所示。欧瑞博这款插座利用 WiFi 可实现远程监控和定时功能，连接手机 APP 还可实现自动开关，实现对智慧家居的随时随地智能掌控。

图 13-33　欧瑞博 WiFi 智能插座

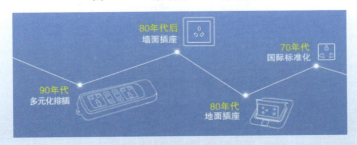

图 13-34　插座发展史

欧瑞博将移动手机应用与产品连接，构建智慧家居 WiFi+APP 联合营销模式，使用户拿起手机就可完成对产品的控制，方便了很多"宅男宅女"们，只要拿起手机一键就可掌控所有智慧家居产品，如图 13-35 所示。

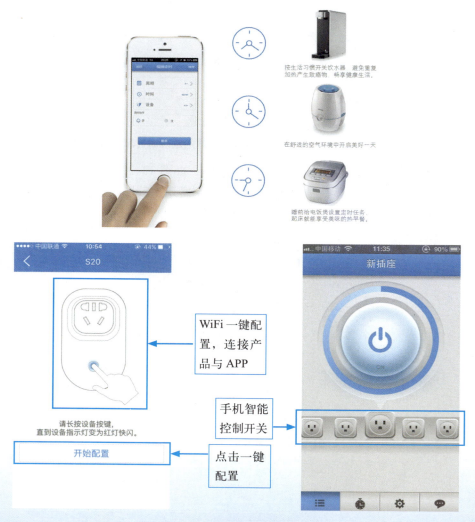

图 13-35　APP 掌控智能家居产品

随着智能家居陆续走进千家万户，欧瑞博致力于为用户提供真正舒适和便捷的智能家居产品，将 WiFi 技术深入应用到产品中，无疑会提升产品感知功能，利用这一优势展开大范围推广，实现用户引流。

13.3.2　小米 WiFi 智能灯泡

小米 WiFi 智能灯泡是小米智能家居的一部分，它与 WiFi 技术、无线路由设备有着密不可分的联系。如图 13-36 所示为小米 WiFi 智能灯泡。

图 13-36　小米 WiFi 智能灯泡

小米通过 WiFi 实现对智能灯泡的远程控制，只要是有 WiFi 网络的地方，用户只需拿出手机连接小米智慧家居 APP，即可实时控制产品，如图 13-37 所示。

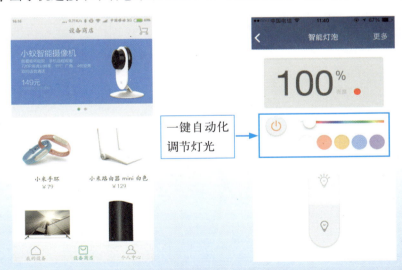

一键自动化调节灯光

图 13-37　WiFi+APP 智能控制智慧家居产品

专家提醒

　　小米智慧家庭套装，通过 WiFi+APP 营销模式，打造简单便捷的智能生活体验。企业注重加强用户感受，以用户作为企业营销标杆，实现最大化满足用户对家居产品的需求，从而实现用户引流，达到精准营销的目的。如图 13-38 所示，为小米智能家庭套装。

图 13-38　小米智能家庭套装

行——
交通行业 WiFi 应用案例

第14章

随着移动互联网感知技术、RFID 射频技术、传感器设备、WiFi 等智能化技术和设备在交通领域中的广泛应用，加速了智慧交通发展进程。

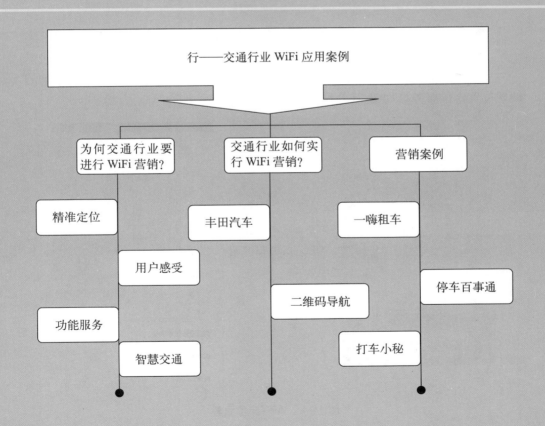

14.1　为何交通行业要进行 WiFi 营销

为何交通行业要利用 WiFi 技术实现精准营销，主要体现在 4 个方面，如图 14–1 所示。

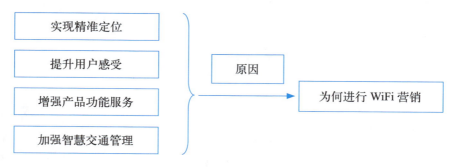

图 14–1　交通行业 WiFi 营销

14.1.1　实现精准定位

WiFi 技术应用于交通行业中，主要是指联合 LBS 技术为用户提供随时随地的地理位置定位服务，如图 14–2 所示。

用户拿出手机连接 WiFi，实现 LBS 地图定位

图 14–2　WiFi 定位服务

交通行业基于 WiFi 技术为用户提供精准定位服务，相比传统有线网络的定位服务具备以下优势，如图 14-3 所示。

除了为用户实现精准定位，WiFi 应用于交通行业，还能够实现以下服务，如图 14-4 所示。

图 14-3 WiFi 定位服务优势　　　　　图 14-4 WiFi+ 交通服务

当用户手机连接 WiFi 网络后，可搜索当前所处位置的周边信息，包括附近的加油站、酒店、饭店、商场等信息，如图 14-5 所示，点击某一个商户，还能够为其提供商家店铺地址、电话等信息。

图 14-5 WiFi 地图定位"附近"功能

专家提醒

> WiFi 手机定位都是采用 WiFi 接入点实现对实时地理位置的定位，只要用户连接 WiFi 网络，即可实现在线定位。
>
> 手机 WiFi+APP 定位，主要是由定位端通过无线热点将信号传递给服务器，再由服务器根据位置信息将数据（包括坐标信息、附近商户信息、车辆信息等）传递到 APP 上，最后呈现在用户眼前。

14.1.2 提升用户感受

随着手机地图 APP 应用越来越多，电子商务规模不断扩大，当用户想要选择合适的商品时，可能需要花费大量的时间和精力去查询和浏览；还有很多应用软件界面比较零乱，操作较复杂，最后导致用户的不适应，使得用户量自然流失。

因此，交通行业在实现 WiFi 营销过程中，务必将用户感受放在首要位置。例如，高德手机地图，通过简洁的界面展示，为用户带来了美观的视觉体验；同时还为用户提供基础生活服务，如"打车"功能，一键即可叫来出租车，不管你想去哪儿、想干什么，一键即可搞定，如图 14-6 所示。

一键叫来出租车

图 14-6 高德手机地图

作为国内免费导航领先品牌，高德地图致力于为用户提供便捷式服务，最大限度满足用户需求，基于这一营销模式，高德地图于 2010 年成功进入美国纳斯达克全球精选市场行列。

在企业营销方面，高德地图注重产品功能的研发，从根本上为用户展现高德地图的便捷性、多元化服务特征，如图 14-7 所示。

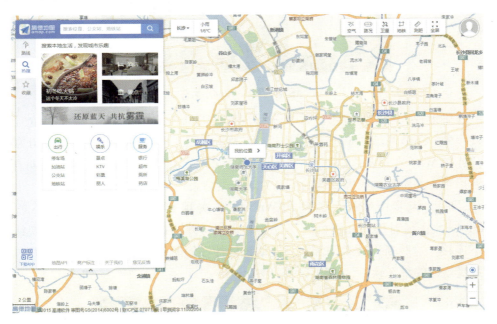

图 14-7　高德官网

14.1.3　增强产品功能服务

当你要去一个场所，却不知道路线时，特别是对于"路痴"型的人来说，只需要拿出手机连接 WiFi 进行地图导航、位置搜索、公交查询，或直接下载滴滴打车、快的打车，十分方便。

移动互联网时代 WiFi 技术的出现和深入应用，很大程度提升了企业对产品功能研发的能力，大量打车软件的出现就验证了这一事实。

例如，"Uber 优步"APP 是一款基于 WiFi 技术实现的便捷式手机打车应用软件，司机在车上安装 WiFi 网络，即可实现与手机 APP 的连接，及时接收用户信息，实现盈利，如图 14-8 所示。

图 14-8　Uber 优步

　　准确地说，"Uber 优步"APP 通过 WiFi+O2O 模式实现精准营销。在企业营销过程中，以最简单的 WiFi 网络连接，实现司机、乘客与 APP 三者之间的互联，用户连接 WiFi 在移动终端打开"Uber 优步"APP，并向司机发出请求，表明自己需要用车，司机收到顾客发送的信息，就会立刻来到顾客身边。

　　"Uber 优步"APP 除了利用 WiFi 技术实现打车软件营销外，还通过 WiFi+LBS 实现对用户和司机地理位置的定位，并通过 WiFi+O2O 模式实现线上线下连接，这些新兴技术的加入，促使该软件在短时间内迅速召集广大用户，成为最受欢迎的打车软件，如图 14-9 所示。

图 14-9　越来越多的人使用 Uber

　　同时，"Uber 优步"APP 还利用简洁清新的操作界面，为用户提供简单的操作功能服务，如图 14-10 所示。司机可通过语音对讲实现与用户的沟通，很大程度提高了司机的工作效率，降低了空跑率，无论对于司机还是广大消费者而言，快迪科技成为最优质的打车软件。

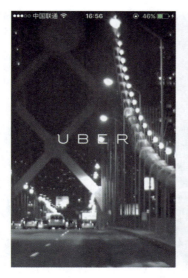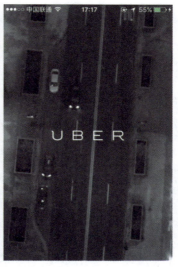

图 14-10　Uber 客户简洁界面

专家提醒

　　"Uber 优步"还实现了与"百度地图"APP 的联合，用户连接 WiFi 登录"百度地图"APP，单击"用车"即可，如图 14-11 所示。

输入起点和终点，系统即为用户提供最佳的上车位置

245

图 14-11　百度地图上的 Uber

14.1.4　加强智慧交通管理

　　智慧交通是以传统交通设施为基础，实现先进信息技术、数据通信技术、移动互联网感知技术、自动控制技术以及人工智能技术之间的集成，如图 14–12 所示。在智慧交通建设与管理中，WiFi 技术能够为其提供坚实的技术支撑和技术指导。

图 14–12　智慧交通场景

　　移动互联网时代，WiFi 技术在智慧交通中的应用主要体现在车载 WiFi 上，如图 14–13 所示。

246

图 14–13　车载 WiFi

车载 WiFi 的出现，实现了 WiFi 技术在交通服务领域的重要价值。如图 14–14 所示为车载 WiFi 系统。

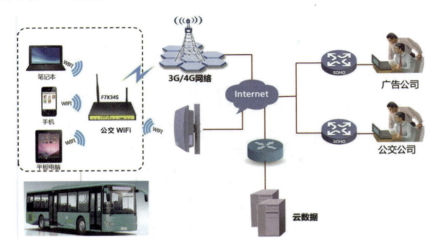

图 14–14　车载 WiFi 系统

车载 WiFi 使用方式与普通商用 WiFi 一样，用户只需点击登录页面，输入手机号，获取验证码，输入相应验证码，即可连接车载 WiFi，开启免费的无线上网体验。

交通领域越来越多的企业和个人使用车载 WiFi，实现用户引流。在路上有这样一个场景，三轮车上也使用了免费 WiFi，如图 14–15 所示。

图 14–15　三轮车车载 WiFi

专家提醒

美国苹果公司推出了首款 WiFi 车载系统，取名为"carplay"，该系统基于无线网络实现了与智慧交通系统的无缝对接，同时将苹果旗下所有可移动设备与仪表盘系统结合，为用户提供智慧交通服务，如图 14-16 所示。

图 14-16　苹果公司 carplay 系统

14.2　交通行业如何实现 WiFi 营销

在交通领域，WiFi 营销大多体现在智慧交通上，包括 WiFi+APP 推广、车载WiFi 等。智慧交通是智慧城市和无线城市建设过程中的重要环节。如图 14-17 所示为 WiFi 无线城市宣传图。将 WiFi 技术应用于智慧交通中，不仅能够推动交通领域发展，还能够助力城市化建设工作。

无线城市·无限精彩

图 14-17　无线城市

将 WiFi 技术和移动手机应用程序结合在一起，是交通行业实现 WiFi 营销的主要途径。

14.2.1　丰田汽车公司 WiFi+LBS 营销

丰田汽车公司推出了一款名为"Backseat Driver"的 WiFi+LBS 移动应用，如图 14-18 所示。

图 14-18　丰田汽车"Backseat Driver"

实际上，"Backseat Driver"就是一款基于 WiFi 和 LBS 研发的移动手机游戏，当司机开车的时候，乘客常常会感觉到无聊或疲惫，特别是那些乘车时间较长的乘客更是如此，拿出手机连接 WiFi 打开"Backseat Driver"，便可为其缓解疲劳，十分便捷。

更重要的是，"Backseat Driver"不是一个简单的小游戏，玩家在使用该应用程序时，可实现与司机视线同步驾驶，如图 14-19 所示。

图 14-19　玩家与司机同步开车

丰田汽车公司这个创意游戏，一经推出就受到用户的喜爱，特别是对于那些有小孩的家长。"Backseat Driver"不仅能为司机开车提供便利，同时也能为小孩带来欢乐，一举两得。

"Backseat Driver"的畅销，标志着丰田汽车公司的"亲情牌"营销模式，取得了圆满成功。企业通过 WiFi+LBS 联合营销，将地图和 LBS 定位同亲情融合在一起，为用户带来更加直观的视觉体验和更加多元化的贴心服务，从而实现用户引流和 WiFi 精准营销。

14.2.2　WiFi+ 二维码导航

二维码的深入应用，对不同领域不同行业都产生了积极影响，在交通运输领域亦是如此。石家庄公交公司为了给乘客出行提供便捷，同时也为了引领城市数字化交通发展，特别推出了二维码扫描导航服务，如图 14-20 所示。

你想乘坐的公交车离站点还有多远，坐在家里就可以知道，这样的事情你想过吗？来到石家庄，这一切都可以成为现实，如图 14-21 所示。

图 14-20　数字化交通　　　　图 14-21　石家庄 WiFi + 二维码导航应用

公交公司通过搭建公交信息服务系统为后期工作做准备，再制作简单的二维码，将旗下所有公交线路录入此二维码中备用，搭建公交和公交站点 WiFi，为用户扫描二维码提供方便。

这种营销模式，能够很大程度提升乘客对公交公司的好感度，是实现用户引流的方式之一。这种低成本的二维码制作，也能够降低公交公司日常开支。

石家庄公交公司这一举措为我国其他城市提供了先行示范，也将为日后其他城市的智慧交通建设出谋划策。如图 14-22 所示，为二维码公交导航具体功能。

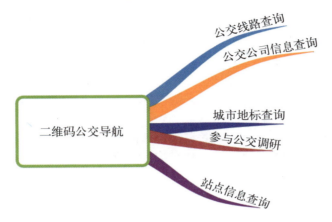

图 14-22　二维码公交导航具体功能

专家提醒

石家庄二维码公交信息服务平台开通以来，已受到大量市民的欢迎。信息平台工作人员称，二维码公交导航服务日咨询热线达到 30 多条，服务平台累计用户量已经超过 10 万人次，累计查询公交次数逾 60 万人次。

14.3　交通行业 WiFi 营销案例

移动互联网时代，交通运输领域 WiFi 的全面覆盖是大势所趋。综合交通运输领域发展现状，以下详细分析 WiFi 应用于该领域的作用和优势。

14.3.1　一嗨租车：随时随地享受租车服务

"一嗨租车"是目前我国规模最大的租车服务提供商之一，一嗨租车自 2006 年成立以来，租车网点已覆盖 70 多个城市和地区，为广大用户，特别是为那些车辆需求量大的企业和个人提供了方便，如图 14-23 所示。

图 14-23　一嗨租车

随着租车行业的迅速成型，"一嗨租车"凭借其行业优势逐渐成为该领域的领头羊，并结合以前的营销经验，迅速转型，最终于 2014 年成功上市。如图 14-24 所示为"一嗨租车"企业介绍。

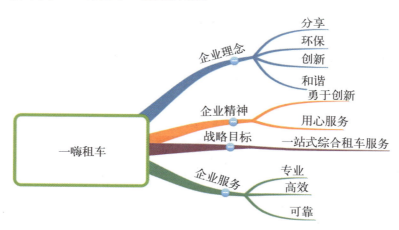

图 14-24　"一嗨租车"企业介绍

"一嗨租车"最早推出的是 WAP 预订系统，随后才有手机客户端。在移动互联网时代，WiFi 网络随处可见，手机客户端为用户使用随时随地的在线租车服务提供了方便。

因此，"一嗨租车"APP 推出之后就得到了很多好评，用户普遍表示它的设计非常人性化，大大提升了租车体验。"一嗨租车"的支付渠道，也十分便捷，如图 14-25 所示。

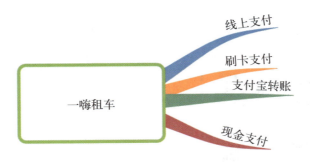

图 14-25　"一嗨租车"支付方式

"一嗨租车"APP 主要功能和操作说明，如下所示。

● 用户需要连接 WiFi 登录"一嗨租车"APP，选择"自驾租车"或"专车接送"，如图 14-26 所示。

● 用户填写准确的租车或接送时间，如图 14-27 所示。

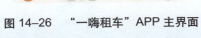

图 14-26　"一嗨租车"APP 主界面　　　　图 14-27　选择租车时间

用户还可以根据自己的喜好，在 APP 上选择想要租借的车型和款式，同时还可以选择提车的地点，如图 14-28 所示。

可供用户
自行选择

图 14-28　自主选择租用车型以及租车门店

　　"一嗨租车"APP 根据用户反馈意见和市场需求变化进行了数次升级，增加了包括加油站与停车场提醒在内的特色功能，更重要的是，为了进一步贴近用户需求，还推出了"自驾短租"功能，如图 14-29 所示。

贴近用
户需求

图 14-29　"一嗨租车"APP 自驾功能

专家提醒

　　在移动互联网时代，"一嗨租车"的 WiFi+APP 营销模式，是企业营销的核心。这种模式有利于提升企业出租效率，合理分配车辆资源，最大限度贴近用户需求，从而降低企业成本支出，提升利润，扩展业务。

14.3.2　停车百事通：解决停车难题

　　随着社会城市化进程不断发展，城市居民生活水平不断提升，大部分家庭都拥有了自己的车，车辆在为人们提供便捷的同时，也给城市交通带来了不利影响。"停车难"成为普遍影响城市秩序和交通领域发展的难题，如图 14-30 所示。

图 14-30　停车难

　　由深圳市前海硕极科技有限公司独立研发的"停车百事通"APP，成功为大量用户解决了"停车难"的问题，如图 14-31 所示。

图 14-31　"停车百事通"APP

　　"停车百事通"APP，结合 WiFi 与 GPS 定位技术，帮助用户快速找到附近可供停车的场所，甚至停车地点价格、剩余车位情况等，都能够为用户一一呈现，如图 14-32 所示。

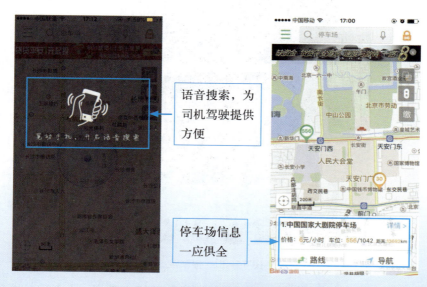

语音搜索，为司机驾驶提供方便

停车场信息一应俱全

图 14-32　"停车百事通"APP 操作界面

专家提醒

2014 年，百度宣布与停车百事通合作，双方将旗下 APP "百度导航" 和 "停车百事通" 进行整合，致力于为用户提供更加全面、更加贴心的服务。

14.3.3　打车小秘：微信打车 APP

"打车小秘" 是微信平台推出的首款基于 WiFi 技术研发的打车应用程序，可以说是 WiFi 微营销的一种，如图 14-33 所示。

图 14-33　打车小秘

"打车小秘" 微信打车是移动互联网时代的重要发明，该移动应用的推出改变了人们的出行行为和习惯，减少了乘客等车时间，也解决了 "等车难" 的问题，如图 14-34 所示。

图 14-34　"打车小秘" APP

专家提醒

　　"打车小秘"应用程序的推出，满足了交通运输领域对于打车软件"微打车、轻出行、悦生活"的要求，也满足了用户的产品需求。与市面上其他烦琐的打车软件相比，"打车小秘"更加简洁和清新。将"打车小秘"下载到智能手机上，即可体验轻松打车，提升出行幸福度。"打车小秘"品牌特色，如图 14-35 所示。

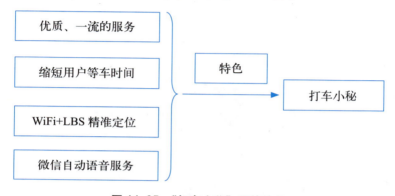

图 14-35　"打车小秘"品牌特色

玩——
旅游行业 WiFi 应用案例

第15章

随着移动互联网的发展，传统行业通过 WiFi 实现企业转型与升级已成为必然趋势。在这一趋势下，如何实现用户引流和精准营销，是企业急需解决的难题。本章结合旅游行业 WiFi 营销实战案例，进行深入剖析。

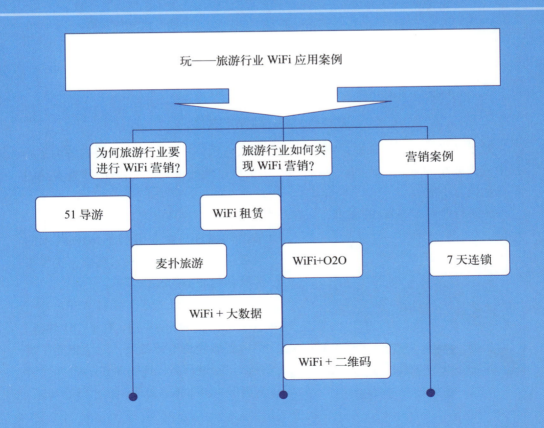

15.1　为何旅游行业要进行 WiFi 营销

近几年，旅游领域企业争相发展 WiFi 营销，通过以下实战案例，解答读者疑问。

15.1.1　助力产业创新

对于旅游产业而言，业内一直流传着这样一句话："没有创新的企业必将倒闭。"将 WiFi 应用于旅游产业发展过程中，必定会助力产业创新与升级。对于旅游行业而言，投入 WiFi 这种创新营销模式，对企业发展将会起到什么作用呢？如图 15-1 所示。

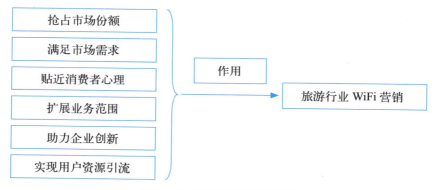

图 15-1　旅游行业 WiFi 营销

对于爱好旅游的人来说，WiFi 技术的深入应用，很大程度帮助他们解决了旅程中或大或小的难题。比如，连接 WiFi 定位自己所处位置，连接 WiFi 查看热门景点和地方小吃。

旅游行业对于 WiFi 的需求，一直是十分强烈的。在移动互联网时代背景下，旅游领域许多企业看到了 WiFi 技术的发展前景，纷纷将其收入囊中，实现与品牌其他服务的联合营销。

图 15-2　"51 导游"

例如，"51 导游"手机 APP，是一款驴友必备的移动应用，有了"51 导游"消费者旅程将不再孤独，无论想要了解什么，知道什么，连接 WiFi，打开"51导游"一切都能够实现，如图 15-2 所示。

"51 导游" APP 是一款景点讲解 APP，用户只需连接 WiFi 即可免费享受自动讲解服务，如图 15-3 所示。

图 15-3　"51 导游" APP 免费景点讲解

值得一提的是，当用户到达某一个软件可以识别到的景点时，只要用户手机连接了无线网络，系统将自动检测，为用户提供该景点周边的一些小吃和必须参观的地方，从根本上实现自动定位、自动讲解，如图 15-4 所示。

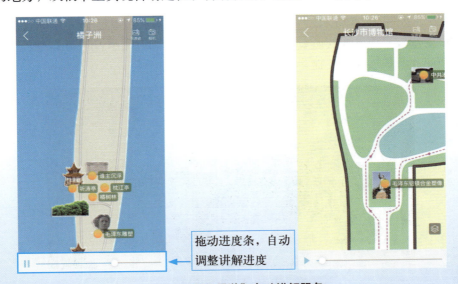

图 15-4　"51 导游" 自动讲解服务

"51 导游"APP 是 WiFi+APP 的联合营销模式，通过全方位服务为用户带来全新感受，一边参观景点，耳机里一边播放着"51 导游"的景点知识，十分惬意。用户只需要连接 WiFi，所有的服务都是免费的，这种免费的多功能服务，也是企业实现用户引流的制胜法宝。

图 15–5　"51 导游"营销优势

下载"51 导游"，享受一场视觉与听觉双重享受的旅程吧！如图 15–5 所示为"51 导游"营销优势。

15.1.2　扩展业务范围

WiFi 技术应用于旅游行业发展过程中，不仅能够助力旅游领域企业创新，也为企业扩展业务范围提供了帮助。

例如，由杭州麦扑文化创意有限公司推出的自助旅游应用程序——"麦扑旅游"APP，如图 15–6 所示。"麦扑旅游"APP 是一款图、文、声并茂的应用。麦扑文化创意公司还发挥其所长，将手绘地图创意增加到应用中，增加用户视觉感受，也为企业业务扩展提供便捷，如图 15–7 所示。

图 15–6　麦扑旅游

用户连接 WiFi，打开麦扑旅游，系统将自动定位，为用户推荐附近景点

用户找到感兴趣的景点，点击即可获取该景点手绘地图

图 15-7　"麦扑旅游"创意手绘

　　"麦扑旅游" APP 利用这种创新式的方法，实现了企业增值服务，扩展了企业旗下业务范围，如图 15-8 所示。

图 15-8　手绘地图实现业务扩展

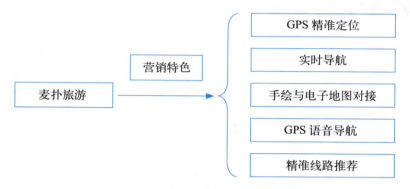

专家提醒

　　除了手绘地图这一创意，杭州麦扑文化创意公司的企业营销模式还具备哪些特色呢？如图 15-9 所示。

图 15-9　"麦扑旅游"营销特色

15.2　旅游行业如何实现 WiFi 营销

　　旅游行业实现 WiFi 精准营销的途径，如图 15-10 所示。

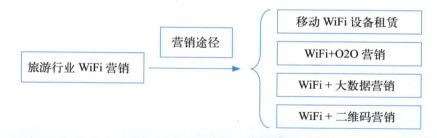

图 15-10　旅游行业 WiFi 营销

15.2.1　移动 WiFi 设备租赁

　　WiFi 硬件设备租赁是很多远行者的福音，它也是移动互联网时代在用户支持下实现的增值服务。据悉，北京首都机场日均租出 WiFi 1500 台，路过机场 WiFi

租赁处的人不禁感叹，WiFi 租赁队伍比排队安检的人要多得多，如图 15–11 所示。

图 15–11　机场 WiFi 租赁处

　　为了满足长时间出差和喜爱旅游的用户需求，境外 WiFi 租赁服务应运而生，提供该服务的商户分布十分密集，如图 15–12 所示。

图 15–12　境外 WiFi

现在，市面上的 WiFi 租赁设备式样很多，特别是境外 WiFi 租赁覆盖范围越来越广，WiFi 租赁 APP 也越来越多，如图 15–13 所示。

图 15–13　境外 WiFi 租赁商户

除了在淘宝购物平台，能够快速购买境外 WiFi 租赁套餐，不少旅游企业也陆续推出 WiFi 租赁服务。例如，国内规模最大的在线票务平台携程，也推出了境外 WiFi 租赁服务，如图 15–14 所示。

图 15–14　携程境外 WiFi 租赁

专家提醒

携程境外 WiFi 租赁服务推出以来，受到广大用户热烈追捧，获得大量好评，如图 15-15 所示。携程旗下员工也大力发扬企业高效、贴心的服务宗旨，投身于岗位服务中，为消费者营造了舒适的购物环境，从而实现企业用户引流，贴近用户，挖掘其真实需求，最终实现精准营销。

图 15-15　携程境外 WiFi 租赁服务评价

15.2.2　WiFi+O2O 营销

当 O2O 成为移动互联网营销的万金油时，在线旅游作为其最典型的应用模式之一，引得各巨头纷纷加速布局。在移动互联网时代，企业更是将 O2O 和 WiFi 技术相融合，实现精准营销。

阿里巴巴推出旗下首个与旅游行业相关联的增值服务提供商，取名为"穷游网"，如图 15-16 所示。

穷游网是当前旅游行业最为典型的 WiFi+O2O 营销，企业通过移动互联网电子信息技术，为用户提供海外景

图 15-16　穷游网

点的中文旅游资讯和在线增值服务，如图 15-17 所示。

图 15-17 "穷游" APP

穷游网作为知名分享社区，可让旅游与本地服务、支付更好地对接，有利于完善阿里巴巴的数据平台，并能与淘宝电商模式形成很好的结合，如图 15-18 所示。

图 15-18 淘宝 + 穷游

专家提醒

　　穷游网旗下还有一个名为"穷游最世界"的手机 APP，该程序主要是为用户提供最优惠的旅游信息，包括特价机票、特价酒店等，如图 15-19 所示。

图 15-19　携程境外 WiFi 租赁服务评价

　　早在"穷游"APP 成功推出以前，阿里巴巴就已经推出过一款名为"在路上"的旅游类移动应用，如图 15-20 所示。

图 15-20　"在路上"APP

"在路上"APP 可以搜索到各个目的地的游客游记，这些游记能够为打算去该目的地游玩的人提供参考，如图 15–21 所示。

图 15–21　"在路上"游记

阿里巴巴旗下 WiFi+O2O 营销模式的旅游类产品，能够很大程度推动国家旅游产业的发展，对促进旅游行业发展有重要意义。

另外，传统旅行社可以自行建立电商平台，也可以通过在线旅游平台进行运营。O2O 模式对旅行社信息透明化和创新的要求较高，只有形式新颖、性价比高的产品才能获得市场青睐。阿里巴巴就是利用 WiFi 这一新兴技术，实现了企业用户引流。

总之，对于旅游行业而言，WiFi+O2O 营销模式会带动产业创新发展，是推动产业发展的关键要素。

专家提醒

移动互联网时代的来临，为旅游产业发展带来了光明和希望，企业纷纷从 PC 端平台转移到 APP 移动端，并结合 WiFi、大数据、O2O 等技术为企业发展推波助澜。

15.2.3 WiFi + 大数据营销

近些年，随着国内旅游市场的蓬勃发展，旅游营销也成为热议话题。在大数据时代，旅游行业又掀起一股新的浪潮。将 WiFi + 大数据应用于旅游行业中将发挥什么作用，如图 15-22 所示。

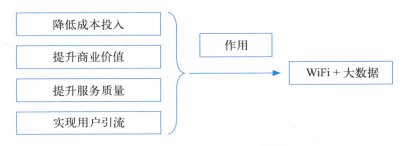

图 15-22 WiFi + 大数据营销的作用

旅游行业利用大数据技术，能够为景区带来更多的商业价值，同时又能更好地服务游客，节省景区的人力、物力和财力。

信息化时代的今天，WiFi + 大数据对旅游行业的影响是全方位的。基于 WiFi + 大数据营销模式，旅游行业企业将会通过怎样的渠道或方式实现精准营销呢？如图 15-23 所示。

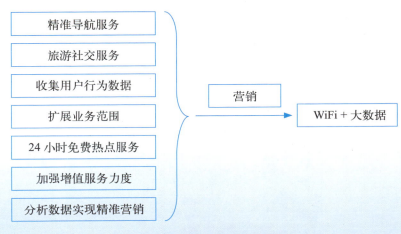

图 15-23 WiFi + 大数据营销

上面提到的旅游社交服务，主要是指 WiFi+APP 营销模式下的旅游行业营销。例如，"约游" APP，用户可以将自己的游玩感受和心得通过图文的方式上传到该网络平台上，供大家阅读。

一方面，能为其他用户提供参考，另一方面，"约游"APP 也为旗下用户提供了交流的平台，通过 GPS 定位服务还能帮助用户搜索附近景区和好友，如图 15−24 所示。

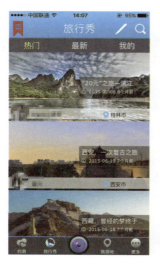

图 15−24　"约游"APP

15.2.4　WiFi + 二维码营销

移动互联网时代，二维码凭借其"小体积、大容量"的特征，受到了大量企业和行业的青睐。在旅游行业中，二维码也联合 WiFi 技术得到了广泛应用，如图 15−25 所示。

图 15−25　连接 WiFi 扫描二维码获取景区信息

自从 WiFi＋二维码实现联合营销，人们出门旅行方便了很多，包括二维码门票、二维码景点信息、二维码景点定位等服务陆续推出，企业这一贴心服务成功俘获了大众用户的心。如图 15-26 所示为二维码门票。

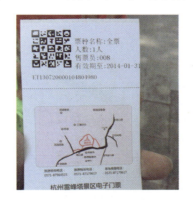

图 15-26　二维码门票

除了上面两种二维码门票，还有一种二维码门票，用户只需在进入景区进行安检时，拿出手机扫描电子门票即可进入景区。这种形式的门票通常都是由用户直接在网络上进行购买，网站就会发送短信到用户预留的手机号上，用户收到的带有二维码的短信，就可以作为用户进入景区的凭证。

就像我们平时在网络上团购电影票，到电影院只需拿出手机到自动取票机上扫描二维码或是输入手机验证码，即可取出电影票，如图 15-27 所示。

二维码门票的应用，降低了门票遗失率，也为

图 15-27　二维码自动取票机

273

游客出行提供了方便。景区通过这种便捷式操作，不仅能够减轻工作人员负担，更重要的是游客们对于这种高端科技十分感兴趣，对景区游客引流十分有帮助。如图 15-28 所示为 WiFi+ 二维码门票优势。

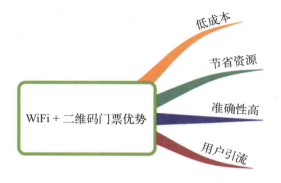

图 15-28　WiFi+ 二维码门票优势

专家提醒

　　随着二维码的兴起，越来越多的商家在二维码上进行优惠酬宾。商家在网上发布产品的优惠信息，并将其制作成二维码，吸引顾客下载。尤其是在顾客流动量大的旅游地区，商家将其信息与景区联系起来，以达到增加客流量的目的。

　　携程旅游网推出扫描二维码享受优惠的活动，如图 15-29 所示。

图 15-29　携程二维码

　　在我国，有许多景点都具有历史文化背景，当游客参观这些景点时，不可能抓住每一个知识点，因为导游也不可能考虑到每一位游客，因此扫描二维码获取景点知识的服务应运而生，如图 15-30 所示。

　　旅游行业中，这些基于 WiFi+ 二维码技术实现的相关产品，是移动互联网时代发展的重要标志，它实现了产业与技术的革新，时代在进步，消费者对于美好事物、先进事物的追求也在进步，因此旅游行业将 WiFi 技术应用于企业发展，是十分必要的。

　　此外，除了上面提到的二维码门票，二维码邮票也成为现实，如图 15–31 所示。

图 15–30　扫描二维码获取景点知识　　　　　图 15–31　　二维码邮票

　　2014 年，索契冬季奥运会组委会推出了首款冬奥会二维码纪念邮票，如图 15–32 所示。索契冬奥会组委会主席表示："随着二维码邮票的发行，我们将索契冬奥会集邮活动进一步深化，这是俄罗斯历史上首次发行二维码邮票，也是奥林匹克运动历史上的第一次。"

图 15–32　索契冬奥会二维码邮票

专家提醒

    随着二维码技术的深入应用，我们可以看到在火车票实行实名认证后，二维码技术也在火车票上有所体现，如图 15-33 所示。为什么要在火车票上加入二维码技术呢？实际上还是为了验证车票的真伪。

    随着智能产业的不断发展，互联网在给人们日常生活提供便捷的同时，也给不法分子以可乘之机，因此二维码技术在我们生活中以及各个产业中的深入应用，能够很大程度保障消费者生命财产安全。

图 15-33　火车票上的二维码

15.3　旅游行业 WiFi 营销案例

    根据旅游行业 WiFi 营销案例，分析 WiFi 对于整体产业的影响。例如，7 天连锁酒店提供的 WiFi 营销模式，通过采用微信公众号营销，从会员入手，从而实现定向营销。

    7 天连锁酒店集团现已在国内拥有超过 200 家线下门店，覆盖全国 300 座城市，致力于成为国内经济型酒店的领导品牌。7 天连锁酒店 WiFi 营销，主要以年轻消费群体为主。

    现阶段，消费者对于 WiFi 的需求，已经远远超出人们的想象。因此，7 天连锁酒店实行 WiFi 营销，对于其品牌建设和用户引流是十分有效的，如图 15-34 所示。

图 15-34　7 天连锁酒店品牌

　　在微信公众平台，7 天连锁酒店通过开通公众号，充分利用微信平台提供各项便捷服务，为消费者提供便捷支付的渠道，还可以通过微信预订酒店，不但能够边玩边订酒店，还能参与在线支付的优惠活动，如图 15-35 所示。

图 15-35　7 天连锁酒店微信营销平台

通过这种贴心式服务，节省了用户的流量，同时也减轻了酒店旗下工作人员的负担，利于企业开展用户引流和定向营销。

专家提醒

　　承担着中国连锁酒店引导者角色之一的 7 天连锁酒店，在 WiFi 营销模式中，把握住了移动互联网时代的营销重点，实现了企业用户引流和用户定向营销，很大程度节省了企业运营成本。如图 15-36 所示，为 7 天连锁酒店营销优势。

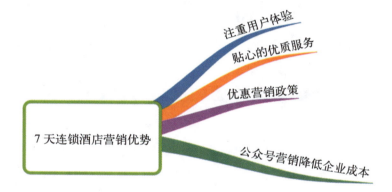

图 15-36　7 天连锁酒店营销优势

　　7 天连锁酒店通过线上线下联合营销，打通了线上线下闭环，为企业营销创造了更多机遇。对于其他同行业的企业而言，务必清醒认识到 WiFi 营销的重要性，移动互联网时代 WiFi 营销已成为企业实现用户引流与精准营销的必然趋势。